공익과인권 17

형법개정안과 인권
―법무부 형법개정안에 대한 비판과 최소 대안―

서울대학교 법학연구소 공익인권법센터

한인섭 이호중 허일태
이덕인 이상원 최정학

景仁文化社

서 문

　다음은 법무부의 <형법 일부개정법률(안)>(법무부 공고 제2010-216
호)에 대한 학계의 대안을 수렴하여 작성한 <대안>이다. 현행 형법은
1953년 제정되었고, 그 속에 이미 권위주의적이고 중형주의적 요소가 산
재해 있으며, 시대에 맞지 않는 규정이 적지 않다. 그동안 우리 사회의 전
반적 여건이 급격히 변화한 반면 형법의 전면개정은 이루어지지 못하였
으므로 형법의 전면개정은 만시지탄의 감이 있다.

　그러나 현재의 법무부 개정안은 시대적 변화를 수용하지 못하고 있
다. 더욱이 중형주의적 기조를 더욱 강화하려고 하고 있으며, 그동안 인
권침해적 요소가 많아 폐지된 방안을 이름만 바꾸어 부활시키고자 한다.
우리는 책임주의와 인권존중의 입장에서 형법의 전면개정이 필요하다고
본다. 하지만 당면한 과제는 형법개정안에서 독소조항을 제거하고, 보다
인권지향적인 이념을 충족시킬 형법을 만드는 것이다. 따라서 우리는 아
래의 형법개정을 최소대안으로 제안하여, 최악을 방지하고자 한다.

　이러한 취지에서 2010년 11월 5일 <형법개정안과 인권: 바람직한 형법
개정의 방향>이란 주제로 여러 분들의 발표와 진지한 토론을 개최한 바 있
다. 그러한 논의를 바탕으로 다음과 같은 방안을 최소한의 대안으로 정리
하였다. 보다 바람직한 방안에 대한 추구와 대안은 곧이어 발표될 것이다.

2010년 12월 2일
한인섭

【최소한의 개정 대안】

1. 유기형의 상한을 재조정해야 한다.

유기자유형의 상한을 30년(가중의 경우 50년)으로 개정한 2010년 형법개정은 중형주의 일변도의 잘못된 입법이다. 이번 형법개정시에 재조정되어야 한다. 그 가능한 방안은 다음 둘 중의 하나이다.

    ① 원래의 형법으로 복귀한다. 즉 자유형의 상한을 15년으로 하고, 가중 상한은 25년으로 한다. (법무부 형법개정특위의 원안이기도 하다)
    ② 학계(형법개정연구회)의 결론을 존중하여, 자유형의 상한을 20년, 가중 상한을 30년으로 한다. (이 안은 보호감호 폐지, 상습범·누범의 가중조항 폐지를 전제한다.)

2. 이미 폐지된 보호감호는 다시 도입되어서는 안된다.

'보호수용'으로 이름을 바꾸어 보호감호의 부활을 추진하는 것도 허용되어선 안된다. 형법개정안에서 '보호수용'과 관련된 모든 부분은 삭제되어야 한다.

3. 형법상 사형조항은 폐지되어야 한다.

사형으로 규정된 형벌은 '절대적 종신형'으로 한다. 무기형은 가석방의 가능성이 없는 절대적 종신형과 가석방가능성 있는 무기형(현재)으로 양립되어야 한다.

4. 현행 형법 제28조(음모, 예비)는 삭제되어야 한다.

특정범죄의 예비행위에 대한 처벌의 필요성이 인정되는 경우에는 특정범죄의 예비죄의 구성요건(예컨대 살인예비죄)을 신설하여 처벌하면 된다.

5. 작량감경에 대한 법무부 개정안은 바람직하지 않다.

법무부 형법개정안에서 정상감경규정은 법관의 양형재량권을 봉쇄하고, 위헌의 소지가 있다. 현재 규정을 유지하되, 감경방법에 대한 근거규정을 두는 것으로 충분하다.

6. '특정 범죄자에 대한 위치추적 전자장치 부착 등에 관한 법률'은 재개정되어야 한다.

2010.4월 개정된 법률조항은 강성 형사정책의 표본으로서, 이중처벌의 금지, 과잉금지원칙, 그리고 소급효 금지원칙과 같은 3가지 관점에서 위헌의 소지가 크다. 국회 스스로 위헌성을 제거하는 법개정을 해야 할 것이다.

╫목 차╫

▪ 서 문

유기징역형의 상한
-근본적인 재조정 필요하다-

한인섭*

유기형의 상한을 30년(가중의 경우 50년)으로 개정한 2010년 형법개정은 매우 잘못된 입법이다. 이번 형법개정시에 재조정되어야 한다. 그 가능한 방안은 다음 둘 중의 하나이다.

① 원래의 형법으로 복귀한다. 즉 자유형의 상한을 15년으로 하고, 가중상한은 25년으로 한다. (법무부 형법개정특위의 원안이기도 하다)

② 학계(형법개정연구회)의 결론을 존중하여, 자유형의 상한을 20년, 가중상한을 30년으로 한다. (이 안은 보호감호의 폐지, 상습범˙누범의 가중조항의 폐지를 전제로 한다.)

I. 문제의 유래와 현상황의 정리

ⓐ-1953년 제정된 형법 제42조는 유기징역형[1]의 상한은 15년이며, 형을 가중할 때에는 25년을 상한으로 한다.

---

* 서울대 법대 교수

1) (유기금고형도 마찬가지다. 다만 현재 "상한"을 중심으로 논의하므로 여기서는 그냥 징역형으로 편의상 쓰도록 한다.)

ⓑ-이러한 상한에 대해 때때로 입법론적으로 조정할 필요가 있다는 견해가 피력되었다. 상향의 필요성을 역설하는 견해는 ㉠한국인의 수명이 현저히 연장되었다는 점과 ㉡무기형과 유기형(15년) 사이의 갭이 커서, 합리적 양형을 기하기 어려운 고충이 있다는 점을 들었다. 또한 ㉢기존의 상한규정은 그대로 유지하되, 사형·무기형을 감경할 경우에 그 감경의 상한을 상향조정이 필요하다는 견해가 제기되고 있기도 하다. ㉢의 논의는 다소 제한된 범위내의 것이라면, 일반적 상한의 재조정은 그 적용범위가 매우 넓기에 대단히 심각하고 중대한 결과를 초래할 것이다. 때문에 그 조정 여부는 매우 신중하게 접근되어야 한다.

ⓒ-1992년 형법개정논의시에 유기징역형의 상한을 15년으로부터 25년으로 상향화하자는 제안이 나왔지만, 신중한 논의 끝에 그러한 제안은 백지화되었다.

ⓓ-최근 한국형사정책학회에서 <형법개정연구회>(이하 "연구회안"이라 한다)가 조직되어, 형사정책연구원의 후원을 받아 형법개정작업을 매우 심도깊게 진행하였다. 이 논의는 정치적 고려가 아니라, 형사법 및 형사정책을 연구하고 강의하는 학자들을 중심으로, 합리적인 개정안 도출을 위한 학계 차원의 논의를 집약하자는 것이었다. 유기징역형의 상한에 대하여는 "현제도유지안"과 "상한 상향조정안"이 대립하였다. 다수안은 후자의 입장이었다. 현행 15년을 20년으로 상향조정하자는 것이다. 이 안의 가장 주요한 논거는 유기형과 "무기형과의 간격을 좁혀 법관에게 양형의 구체적 타당성을 도모할 수 있게 하자"는 것이었다.(91)

그런데 연구회안은 분명한 전제를 갖고 있었다. 첫째, 책임주의에 반한다고 비판받아온 누범·상습범의 가중처벌규정을 폐지하자는 전제 위에서 유기형의 상한을 인상하자는 것이다. 종래 누범·상습범은 형의 가중요소로 작용한 것이므로, 그것을 폐지할 경우 법감정에 심히 배치되는 결과가 야기될 수 있다. 그러한 법적 공백을 막기 위하여, 유기형의 상한을 일부 인상하자는 것이다. 그 전제가 충족되지 않고서는, 유기형의 상향조정 안이 성립될 수 없다. 둘째, 보호감호가 폐지되었음을 전제로, 위험한 범죄자에 대한 사회와 개인의 보호를 위해서 "어쩔 수 없는 고육책"이라는 것이다.[2]

다만, 그 인상의 한도는 15년으로부터 20년으로 상향하는 것이며, 가중상한의 경우에는 현행 25년으로부터 30년으로 인상하자는 것이다. 단순상한, 가중상한을 각 5년씩 인상하자는 것이다.

ⓔ-법무부는 2007년 6월 실무계와 학계의 인사들로 <형사법개정특위>를 확대개편하여, 형법총칙 등 개정작업을 진행해왔다. 제1소위에서는 2008년 6월 제8차 회의에서 유기징역형의 상한에 대해 다음과 같이 정리했다. 즉 "유기징역형의 상한을 상향조정할 경우 각칙상 모든 범죄에 대한 법정형을 가중하는 결과를 초래하여 '중형주의에로의 회귀'라는 비판이 제기될 수 있어 현행 규정을 유지하기로 결정"했다. 그리고 전체회의에서도 "그동안 행위책임원칙에 반한다는 비판을 받아온 누범가중규정과 상습범가중규정을 삭제하는 데 원칙적인 합의를 해 둔 상태"였다.(김성돈, 145-146)[3] 연구회안보다는 법무부의 특위가 신중하게 접근하는 태도를 취한 것으로 이해할 수 있다.

ⓕ-그런데 이러한 학계 및 법무부 내부의 논의와 상관없이, 국회는 2010년 3월 31일 <형법 일부개정법률안>을 국회에서 통과시켰다. 그 골자는 유기징역의 상한을 30년으로 하고, 가중상한의 경우 50년까지로 인

---

2) 한국형사정책학회 형사법개정연구회, 죄수`형벌분야 개정방안, 한국형사정책연구원/법무부/한국형사법학회/한국형사정책학회, 형법개정의 쟁점과 검토, 2009.9.11. 22쪽.
3) 김성돈 발표, 형벌제도의 정비, 법무부, 형법총칙개정공청회, 2010.8.25, 145~146.

상한 것이다. 개정이유는 ㉠무기징역과 유기징역간의 형벌효과가 지나치게 차이가 나고 ㉡중대범죄에 대한 형벌선고에 제한이 있으므로 행위자의 책임에 따라 탄력적인 형선고가 가능하도록 한다. 그리고 특히 ㉢강간 등 성폭력범죄를 범하는 경향이 있는 자는 재범가능성이 대단히 높으므로 성폭력범죄의 상습범을 가중처벌할 필요가 있다는 것이다.(대안의 제안경위 및 개정이유) 그런데 종래 유기형상한론에서는 상습범`누범의 가중의 폐지, 보호감호의 폐지에 따른 후속대책의 마련 등과 연계되었으나, 이 국회법률은 상습범에 대한 형의 가중도 포함하며, 신상공개 등 각종 재범방지조치를 포함시킨 데다, 유기형상한까지 과하고 있는 특색을 보인다. 국회법률의 논리는 한마디로, 모든 수단을 통한 형벌강화이며, 응보나 예방의 고려를 넘어서는 전적인 격리무해화(incapacitation)를 지향하는 초강경정책(the get-tough penal policy)를 전격적으로 입법화한 것이라 볼 수 있다.

이 형법개정안은 2010.3.31. 국회를 통과하여 2010.4.15. 공포되었고, 2010.10.16.부터 시행되고 있는 현행법이다. 아래에서 상세히 살펴보겠지만, 이렇게 유기징역형의 단순상한, 가중상한을 각 2배로 끌어올림으로써 한국의 형벌체계에 엄청난 부작용과 파장을 가져올 것으로 예상된다.

ⓖ-법무부 형사법개정특위는 2010년 최종안을 성안하면서, 유기징역의 상한에 대해 고심한 것으로 보인다. 원래는 ⓔ에서 소개된 바와 같이, 징역상한선에 대해 현행법(2010년 4월 이전)을 고수하기로 합의를 했으나, 국회법률이 돌출함에 따라 그것을 개정작업에 어떻게 조화시킬까 부심하였다. 국회법률은 형사법학자로서, 실무자로서, 전혀 의도했던 방안이 아니었고, 기존의 법개정방향과 완전히 배치하는 것이기에 쉽게 조화될 수 있는 것도 아니었다. 개정특위의 전체회의에서 두 안이 대립되었다. ㉠첫째는 국회의 형법 일부개정안 자체에 대한 수정도 개정대상에 포함시켜 개정작업을 추진하자는 의견이 있었고, 그에 반해 ㉡최근 통과한 국

회법률을 시행되기도 전에 다시 무위로 돌리는 것은 입법부의 권위를 무시하거나 입법부와 행정부의 관계에서 부담이 있을 수 있다는 점에서 국회법률을 전제로 하여 조정안을 입법화하자는 의견이 대립되었다.(김성돈, 146; 151). 이번에 최종적으로 정리된 법무부의 입법예고를 보면, ⓛ의 안(국회입법존중론)을 따랐음을 알 수 있다.

그러나 이러한 ⓛ의 안은 국회존중론으로 물러서기에는 문제가 너무나 심각하다. 거의 "입법쿠데타"라고 하지 않을 수 없는 국회법률은 형벌에 대한 종합적인 균형성을 너무나 무시하고 있으며, 오직 격리무해화를 통한 초강경정책에 치중하고 있는 것은 현대적 형사정책의 지향점과 전혀 부합하지 않는다. 법무부의 형법개정에 참여한 위원들도, 국회법률이 실질적인 타당성을 갖고 있기 때문에 진심으로 존중한 것이 전혀 아니며, 국회가 입법권을 갖고 있기에 존중할 수 밖에 없다는 수동적 묵인에 지나지 않는다고 생각된다. 또한 형사법개정특위가 법무부 내에서 구성되었고, 법무부의 방침에 의해 크게 영향받을 수 밖에 없는 환경에서 작업하였기에, 국회와의 충돌을 원치 않는 행정부의 속성에 순응한 면이 있다. 따라서 내용상 동의할 수 없는 부분을 국회존중론, 행정부-국회와의 원만한 관계유지라는 전혀 다른 동기에서 <형법 일부개정법률(안)>(법무부공고 제2010-216호)가 나온 것이다. 그렇다면, 이 주제의 중요성에 비추어 볼 때, 또한 그 방향성과 설득력의 측면에서 볼 때, 처음부터 잘못된 단추를 꿴 것을 그대로 유지하면서 미봉책을 강구하려다보니, 형법개정이 완전히 난맥상을 보이고 있는 것이다. 적어도 형벌론 부분에서, 자유형의 상한 문제를 원점부터 바로잡지 않고서는, 형법개정 자체의 가치를 찾을 수 없게 되어버린 지경이다. 바로잡는 길은, 국회의원들을 다시 설득하여, 이 문제의 심각성을 주지시키고, 자유형의 상한선을 바로잡은 다음(혹은 그와 동시에) 전반적인 개정안을 하나하나 검토하는 것이다.

Ⅱ. 30년/50년 입법의 문제점 정리

1. 무기형에 준하는 유기형의 인상

－법관의 재량권을 무한대로 확장되는 반면, 국민의 형벌에 대한 예측가능성은 극소화한다. 중범죄 중 많은 규정들이 형의 하한을 설정하고 있다. 가령 강도죄, 강간죄는 "3년이상"의 징역에 처한다. 이 때 입법자가 예상한 것은 "15년 이하의 징역"이라는 것이다. 그런데 형법 제41조 조문 하나의 개정으로, 모든 중범죄의 상한이 일시에 2배로 인상되었다. 3년이상 30년 이하로 격상되어 버린다. "1년이상"의 징역에 처하는 범죄(예컨대 체포.감금치상죄)의 경우 그 상한이 30년이 되어버린다. 유기형상한선을 인상할 때, 입법자들이 주장한 것은 아동성폭력죄인데, 형법개정의 방법을 통해 접근한 결과 다른 모든 범죄에까지 무차별 인상의 효과를 자아낸다. 이것은 입법자로서도 심각하게 생각하지 않은 것으로 보인다. 법정형의 한정을 통해 형벌에 대한 예측가능성을 제공해야 하는 입법자의 기본의무를 방기한 결과, 법관의 재량권이 무제한적으로 확장되는 결과를 초래하는 것이다.

－30년/50년은 무기형보다 더 높은 유기형을 결과한다. 지난 100년의 한국형벌사를 통해 볼 때, 50년간 복역한 무기수는 한명도 없으며, 40년 이상도 비전향장기수 한두 사례밖에 없다. 장기수로 전세계적인 이목을 집중시켰던 넬슨 만델라도 30년보다 적은 기간 복역했다. 한국의 무기수들은 실제로 20년±5년 정도 복역하면 가석방을 받는다. 무기수가 실제로 무기한, 즉 종신형에 가깝게 복역하는 경우가 없다. 30년~50년의 기간은, 액면 그대로 적용되면, 무기형보다 더 높은 형을 결과한다.

－따라서 30년/50년의 유기형을 도입하고자 한다면, 무기형을 폐지하는 입법적 조치와 함께 도입되었어야 한다. 그런데 입법자들은 사형을 존치하고, 무기형도 존치하면서, 30년/50년을 도입하고 있다. 이는 형종의 경중에 일대 난맥상을 불러온다.

－유기형을 인상하고자 해도 그것은 무기형의 경계선보다 낮아야 할 것이다. 대략 가중유기의 경우 현재(2010년 이전)처럼 25년으로 하든가, 아니면 인상한다고 해도 30년 정도가 적당하다. 현재 일본의 경우가 그러하다. 일본은 2004년 형법을 개정하여 유기징역의 상한을 20년으로, 가중할 경우 30년으로 인상하였다. 그 정도 이상의 인상은 무기형과 유기형의 구분선에 혼동을 줄 정도가 명백하다고 생각한다.

－유기자유형의 상한을 올리려고 하면 무기형을 폐지해야 한다. 비교법적으로도 이 점은 쉽게 확인된다. 무기형을 폐지한 국가로서 스페인은 유기형의 상한을 40년으로 높이 설정하고 있다. 반면 무기형을 두고 있는 국가로서 유기형의 상한은 15년(독일), 20년(오스트리아, 네덜란드, 영국), 24년(이탈리아) 등으로 무기형폐지국보다 그 상한이 상당히 낮다.[4] 한국처럼 50년까지 끌어올린다면, 당연히 무기형을 폐지하는 입법적 결단이 동시에 이루어져야 했다.

2. 국회법률의 개정과정상의 문제

－국회는 입법권을 갖는다. 그러나 주요한 입법사항에 대해 입법부의 신중함이 각별이 요청된다. 기본법에 해당하는 형법 개정의 경우 신중할

---

4) 한국형사정책연구원/법무부/한국형사법학회/한국형사정책학회, 형법개정의 쟁점과 검토(2009.9.11), 23쪽.

필요가 있으며, 형벌의 기본에 대해서는 훨씬 신중할 필요가 있다. 형벌은 국가의 최후의 무기이기도 하고, 인권침해의 가능성이 가장 높은 실정법인 까닭이다. 각계각층의 충분한 논의를 거쳐, 종합적인 평가 위에서 이루어져야 한다.

- 그런데 이번 국회법률은 그야말로 "돌발적"으로 "전격적으로" 이루어진 감이 있다. 2010년 4월의 형법개정은 국회의원들이 각 발의한 형법일부개정법률안의 내용을 통합하여 법제사법위원회의 <대안>을 만들어 법사위와 본회의를 통과하여 법률이 되었다.

- 대안의 제안일은 2010.3.31.이며, 법사위 전체회의와 본회의가 3.31.이었다. 형법각본조의 중대범죄, 특별형법사의 중대범죄에 일률적인 효력을 미치는 사안에 대해 각계각층에서 검토하고 숙고하고 의견을 낼 시간적 여유가 없었다.

- 국회본회의에서 제안설명을 한 박민식 의원은 다음과 같이 그 의의를 설명하였다.

"이 법이 통과되면 이것은 우리 형사법체계 60년만에 획기적인 내용이 됩니다. 우리나라에서 국민들이 아무리 나쁜 범죄를 저질러도 최고 25년을 넘지 못합니다. 보통은 15년을 넘지 못합니다. 그런데 이 법이 통과되면 50년 선고를 할 수 있게 되는 것이지요. 저는 우리 형사법체계 지난 60년에서 가장 획기적인 내용이라고 평가하고 있습니다."

무슨 말인가. 오직 "획기적"이란 점만을 거듭 말하고 있다. 무엇이 획기적인가 하면, 50년 선고할 수 있어 획기적이란 것이다. 그동안 중형을 하고 싶어도 할 수 없었던 것을 이제는 마음껏 할 수 있게 되어 획기적이란 것이다. 그러나 형벌의 상한선은, 그 사회의 문명화수준과, 그 국가의 자기억제성에 의해 장기적으로 형성되는 것이며, 그것이 입법적 뒷받침을 받는 것이다. 우리는 50년징역을 상상할 수 없어서가 아니라, 인간의 존엄과 가치의 존중, 범죄자의 재사회화의 가능성의 최소한도의 유지, 국가의 형벌권의 자기억제 등을 종합적으로 고려하여 유기형을 받을 자(즉 조만간 사회에 복귀할 자)의 경우 15년/25년을 초과해서는 안되겠다고 결단한 것이다. 그런데 이런 점에 대한 별다른 검토없이, 나쁜 범죄자에 대해 두배 이상의 형을 단번에 결정해버리는 것을 단기간에 국회입법으로 결정해버리는 것은 매우 졸속적인 처사였다고 하지 않을 수 없다. "입법쿠데타"라는 말도 나올 지경이다.

- 이러한 법률이 통과될 수 있었던 배경에는 최근의 여러 흉악범죄, 특히 아동에 대한 성폭력(조두순, 김길태로 상징되는)에 대한 엄벌주장의 호소력이 있다. 그들은 엄벌을 받아야 마땅하다. 그러나 그 엄벌이 15년보다 많아야 한다는 당위성은 도출되지 않으며, 무기징역까지 가능한 데 유기징역의 상한을 더 인상해야 한다는 논리적 필연성이 도출되는 것은 아니다. 몇 보 양보하여, 이러한 특정범죄에 대한 15~30년(가중의 경우 25~50년)의 필요성이 인정된다고 해도, 그것은 그러한 특정범죄에 대한 특별한 가중입법의 필요성 여부의 차원에서 검토되어야지, 모든 형사범죄에 대한 상한인상이라는 방법을 취할 이유가 전혀 없다. 때문에 "특정"범죄를 빌미로 "모든" 중대범죄(형기의 하한이 규정된 범죄들)에 대하여 일률적인 인상효과를 부르는 일반"형법"의 개정으로 접근한 것은 매우 잘못된 접근이다.

- 국회의 본회의에서도 상한선 인상의 형법개정안은 법률안 통과에 필요한 의결정족수를 얻기는 했지만 그 득표를 보면 국회의원들의 충분한 공감을 얻었다고 보기 어렵다. 당일 본회의장에서 통과된 법률안의 투표결과는 다음과 같다.

㉠ 특정범죄자에 대한 위치추적 전자장치 부착등에 관한 법률 일부개정법률안	재석 237인(찬성 192인, 반대 20인, 기권 25인)
㉡ 성폭력범죄의 처벌등에 관한 특례법안	재석 223인(찬성 193인, 반대 13인, 기권 17인)
㉢ 특정강력범죄의 처벌에 관한 특례법안	재석 218인(찬성 201인, 반대 4인, 기권 13인)
㉣ 형법 일부개정법률안	재석 203인(찬성 143인, 반대 36인, 기권 24인)

위의 표결결과에서 확연하듯이 ㉠㉡㉢이 의원 대부분의 찬성이 있었던 반면, ㉣의 형기인상의 법안에 대해서는 반대와 기권의 비율이 상대적으로 높았으며, 찬성은 전체 의원의 과반수에도 미치지 못한다. 법사위에서 통과된 안이고, 당론으로 찬반을 가를 필요가 없는 종류의 법안이어서, 다소 관행적으로 통과된 느낌을 지울 수 없다. 전반적인 느낌으로는, 아마도 20년/30년안을 제출한 법안이 있었다면, 오히려 그 찬성수가 ㉣의 찬성보다 훨씬 높지 않았을까 하는 생각이 들 정도이다.

3. 형기인상으로 인한 교정행정에의 부담 현저히 증대

－교정의 실제관행을 무시하고 있다. 무기형을 집행할 때 20년 내외의 기간 복역하면 가석방되고 있다. 무기형의 실제형기는 20년~25년 정도이며 여성무기수의 경우에는 그보다 더 짧다. 종신동안 수용할 수 있는 것이 무기형임에도 불구하고 법무부(교정본부) 차원에서 20년±5년을 실질수용기간으로 운영하고 있다는 것은, 더 이상의 무기형의 기간이 별 의미없다는 경험적 실례이다. 무기수에게 감형과 가석방이 거론될 때, 그 무기수의 형장급수는 4급 ⇒ 3급 ⇒ 2급 ⇒ 1급으로 상승된 단계이다. 4급으로부터 1급의 모범수까지 도달하는데 약 15년 내외의 기간이 소요된다. 그것도 15년간 어떤 교정사고를 저지르지 않고 모범적 생활을 해올 때 비로소 모범수의 자격을 얻게 된다.

여성무기수의 경우 남성보다 재범가능성이 처음부터 낮고, 교도소내에서 적응하고, 평균연령도 더 높다. 그리하여 여성무기수의 경우 그 출소에 이르는 기간이 15년 내외이다. 이렇게 15년~25년의 교도소생활 끝에 가석방의 가능성을 얻는데, 30년/50년의 유기형 수형자가 그대로 복역한다면 참으로 이상한 결과가 생겨난다.

- 교도소 수용인원의 폭증이 우려된다. 형기를 인상할 때는 교도소수용인원의 증감을 예측해야 한다. 양형기준의 설정 시에도 수용인원에 대한 장기적 예측이 필요하다고 한다. 그런데 이번 국회의 법률안 통과과정에서 이 점에 대한 예측평가가 전혀 없었다. 진정으로 30년, 50년의 형기를 적용하려고 한다면, 장기적으로 수용자의 엄청난 누적이 생긴다. 반면, 그러한 누적적 증가를 막기 위해 매우 제한된 범위 내에서만 15년~30년, 30년~50년의 기간을 적용한다면, 이 경우엔 법관의 양형재량이 너무나 넓어져서 자의적 재판에 대한 비판을 받지 않을 수 없다.

- 섣부른 형기인상이 부른 부작용의 생생한 실례는 미국 캘리포니아주의 삼진아웃법이다. 중죄자들에게 대해 형량을 가능한 늘려서, 그들이 사회복귀를 할 가능성을 대폭 제한하자는 것이다. 삼진아웃법이 가져올 부작용에 대해서 입법부 차원에서 지지한 분석을 하거나, 부작용에 대한 심각한 고려는 거의 행해지지 않았다. 단지 특정한 아동성폭력과 살인에 대한 몇몇의 사건이 여론을 불지르자 입법부에서 졸속적인 입법과정을 통해, 재범 중죄자에 대해서는 통상형기의 2배, 삼범 중죄자에 대해서는 25년 내지 종신형의 극단적 상한을 입법화하였다. 그 즉각적 효과는 수형자수의 폭증이었다. 현재 캘리포니아주에서 이진/삼진아웃법의 적용으로 수감된 자의 총수는 42000명 이상에 달한다. 이는 주의 재정에 엄청난 압박을 가하게 되는 형세가 된다. 입법자의 무사려와 형벌포퓰리즘(penal populism)이 수형자수의 폭증과 경찰/교정예산의 배증과, 그 댓가로 주의 재정부담을 증가시키고 그 문제를 해결하기 위해 빈곤층에 대한 복지예

산을 대폭 삭감하는 악순환을 초래하게 되는 것이다.[5]

반면 대부분의 주들은 삼진아웃법을 도입하면서도 그 적용을 극히 제한하고 있다. 예컨대 콜로라도주의 경우 삼진아웃법 적용대상자가 4명에 불과하다. 그러나 이 경우 형벌의 형평성에 심각한 문제를 야기시킨다. 요컨대 과다인상한 자유형을 그대로 집행할 때(캘리포니아주처럼)도 문제이고, 그대로 집행하지 않을 때는 형평성의 문제를 불러일으키는 것이다.

2010년 이전 형법	2010년형법 (2010.4.15.공포) (시행 2010.10.16)	법무부 개정시안 (2010.10)	학계:형법개정연구회안 (2009.12.)	필자의 안
제42조 (징역 또는 금고의 기간) 징역 또는 금고는 무기 또는 유기로 하고 유기는 1월 이상 15년 이하로 한다. 단, 유기징역 또는 유기금고에 대하여 형을 가중하는 때에는 25년까지로 한다.	제42조(징역 또는 금고의 기간) 징역 또는 금고는 무기 또는 유기로 하고 유기는 1개월 이상 30년 이하로 한다. 단 유기징역 또는 유기금고에 대하여 형을 가중하는 때에는 50년까지로 한다.	제41조 (징역의 기간) ①징역은 무기 또는 유기로 하고 유기는 1월 이상 30년 이하로 한다. ②유기징역에 대해 형을 가중하는 경우에는 그 장기는 50년으로 한다.	제42조(자유형)자유형은 무기 또는 유기로 하고, 유기는 1월이상 20년이하로 한다. 다만 자유형을 가중하는 때에는 30년까지로 한다.	제**조 (징역의 기간) ①징역은 무기 또는 유기로 하고 유기는 1월 이상 20년 이하로 한다.[6] ②유기징역에 대해 형을 가중하는 경우에 그 장기는 25년으로 한다.
제55조 (법률상의 감경) ① 법률상의 감경은 다음과 같다. 1. 사형을 감경할 때에는 무기 또는 10년 이상의 징역 또는 금고로 한다. 2. 무기징역 또는 무기금고를 감경할 때에는 7년 이상의 징역 또는 금고로 한다. 3. 유기징역 또는 유기금고를 감경할 때에는 그 형기의 2분의 1로 한다.	제55조 (법률상의 감경) ①법률상의 감경은 다음과 같다. 1. 사형을 감경할 때에는 무기 또는 20년 이상 50년 이하의 징역 또는 금고로 한다. 2. 무기징역 또는 무기금고를 감경할 때에는 10년 이상 50년 이하의 징역 또는 금고로 한다. 3. 유기징역 또는 유기금고를 감경할 때에는 그 형기의 2분의 1로 한다.	제48조 (법률상의 감경) ①법률상의 감경은 다음과 같다. 1. 사형을 감경할 때에는 무기 또는 20년 이상 50년 이하의 징역으로 한다. 2. 무기징역을 감경할 때에는 10년 이상 50년 이하의 징역으로 한다. 3. 유기징역을 감경할 때에는 그 형기의 2분의 1로 한다.	제55조 (법률상의 감경) 1. 사형을 감경할 때에는 무기 또는 10년 이상 30년이하의 자유형으로 한다. 2. 무기자유형을 감경할 때에는 7년 이상 30년이하의 자유형으로 한다. 3. 유기자유형을 감경할 때에는 그 형기의 2분의1로 한다.	제48조 (법률상의 감경) ①법률상의 감경은 다음과 같다. 1. 사형을 감경할 때에는 무기 또는 15년 이상의 징역으로 한다. 2. 무기징역을 감경할 때에는 10년 이상의 징역으로 한다. 3. 유기징역을 감경할 때에는 그 형기의 2분의 1로 한다.

---

5) 한인섭, 최근 미국의 수감인구의 폭증 – 얼마나? 왜?, 교정, 2005년 11월호, 88~111.

2010년 이전 형법	2010년형법 (2010.4.15.공포) (시행 2010.10.16)	법무부 개정시안 (2010.10)	학계:형법개정연구회안 (2009.12.)	필자의 안
제72조 (가석방의 요건) ① 징역 또는 금고의 집행중에 있는 자가 그 행장이 양호하여 개전의 정이 현저한 때에는 무기에 있어서는 10년, 유기에 있어서는 형기의 3분의 1을 경과한 후 행정처분으로 가석방을 할 수 있다.	제72조(가석방의 요건) ①징역 또는 금고의 집행 중에 있는 자가 그 행상이 양호하여 개전의 정이 현저한 때에는 무기에 있어서는 20년, 유기에 있어서는 형기의 3분의 1을 경과한 후 행정처분으로 가석방을 할수 있다.	제68조(가석방의 요건) ① 징역의 집행중에 있는 자가 그 교정성적이 양호하여 뉘우침의 빛이 뚜렷한 때에는 무기형은 20년, 유기형은 형기의 3분의 1을 경과한 후 행정처분으로 가석방을 할 수 있다.	제72조 (가석방의 요건) ① 징역 또는 금고의 집행중에 있는 자가 그 행장이 양호하여 개전의 정이 현저한 때에는 무기에 있어서는 10년, 유기에 있어서는 형기의 3분의 1을 경과한 후 행정처분으로 가석방을 할 수 있다.	제**조 (가석방의 요건) ① 징역 또는 금고의 집행중에 있는 자가 그 행장이 양호하여 개전의 정이 현저한 때에는 무기에 있어서는 10년, 유기에 있어서는 형기의 3분의 1을 경과한 후 행정처분으로 가석방을 할 수 있다.

6) 이 방안을 채택하는 것은 반드시 바람직하다고 보아서가 아니다. 이번 국회에서 형법개정문제를 취급하고자 한다면, 30년/50년을 결의한 국회가 그것을 곧바로 폐기하고 원래의 입법으로 회귀하기에는 자존심이 도저히 허용하지 않을 것이다. 졸속입법, 입법의 실패를 자인하는 것이 되기 때문이다. 따라서 국회의 입법의 취지를 최소한도라도 존중하면서, 전체적인 균형을 이루자는 뜻에서 20년/30년을 채택하는 것이다. 15년/25년안과 20년/30년안은 그 우열을 다투기 쉽지는 않다.

보호감호(보호수용)의
재도입에 대한 비판

이호중*

　　2005년에 폐지된 보호감호는 다시 도입되어서는 안 되며, "보호수용"이라는 이름으로 보호감호의 부활을 추진하는 법무부의 형법개정안은 폐기되어야 한다.

　　■ 2005년에 보호감호제를 폐지한 것은 보호감호제가 범죄예방이 아무런 도움이 되지 않을 뿐만 아니라 그 집행이 징역형과 본질적인 차이가 없어 헌법상 이중처벌금지에 위반된다는 문제의식이 국민적 공감대를 얻었기 때문이다. 보호감호제의 폐지는 보호감호라는 이름으로 사실상 징역형의 연장 및 국가형벌권의 강화를 추구하는 형벌정책이 헌법의 이중처벌금지 원칙 및 기본권보장의 정신에 합치하지 않는다는 인권법적 결단이었다. 보호감호의 폐지라는 역사적 경험 속에는 반인권적 형벌정책에 대한 뼈아픈 반성의 의미가 담겨 있다.

　　■ 보호감호는 그 성격이 보안처분이라 하더라도 실질적으로는 징역형과 동일하다. 일반예방 및 특별예방의 형벌목적을 추구한다는 점에서 보호감호는 징역형과 같을 뿐만 아니라, 구금을 수단으로 하는 한 보호감호는 징역형과 차별화된 형사제재가 될 수 없다. 따라서 보호감호는 헌법상 이중처벌금지의 원칙에 반한다.

　　■ 위험한 범죄자로부터 국민의 안전을 도모하고 강력범죄를 예방하기

---

* 서강대 법학전문대학원 교수

위한 노력은 필요하다. 그러나 이는 보호감호라는 추가적인 형사제재를 부활하는 것이 아니라, 징역형 집행의 과감한 개혁, 즉 징역형 행형단계에서 전문적이고 효과있는 교정교화처우를 적극적으로 실시하는 것에서 출발해야 한다. 그리고 범죄를 유발하는 사회적, 경제적 현실에 눈을 돌려 범죄자에 대한 직업알선이나 갱생보호프로그램 등 범죄자가 다시 사회의 일원으로 정착할 수 있도록 사회안전망을 구축하는데 힘을 쏟아야 한다. 그러한 노력을 등한히 한 채로, 보호감호라는 이름으로 범죄자를 장기간 격리하는 데에만 몰두한다면 이는 범죄자의 교정교화라는 국가의 의무를 방기하는 것이며, 억압적인 강성 형벌정책을 통해 국가형벌권의 확장을 추구하는 위험한 정책일 뿐이다.

I. 서론

최근 들어 정부는 2005년에 폐지된 보호감호를 다시 도입하려는 행보를 본격화하고 있다. 법무부는 「형사법개정 특별분과위원회」의 논의를 거쳐 마련한 형법개정안에 보호감호를 새로이 규정함으로써 보호감호의 재도입 의지를 분명히 밝히고 있다. 지난 8월 25일 법무부의 공청회에서 처음으로 공개된 형법개정시안에 따르면, 상습범 및 누범가중 규정을 모두 삭제하는 대신에 "위험한 강력범죄자로부터의 사회방위"를 위하여 보안처분제도를 정비하여 형법에 편입하는 것으로 하였으며, 보안처분의 종류로 "보호감호, 치료감호, 보호관찰"을 규정하고 있다.[1] '치료감호'는 현행 치료감호법에 규정된 내용을 형법에 편입하는 것이지만, '보호감호'는 폐지된 지 5년 만에 "부활"되는 것이고, '보호관찰'은 현행법에서보다 대폭적으로 "확대"가 예고되어 있다.

---

[1] 형법개정시안의 보안처분제도에 대해서는, 김일수, "보호감호 처분의 재도입 및 보안처분 제도의 형법편입", 법무부 주최 「형법 총칙 개정 공청회」 자료집, 2010.8.25., 201~230면.

10월 25일 법무부는 형법총칙분야의 개정사항을 담은 「형법 일부개정법률안」(이하 '형법개정안'이라 함)을 입법예고하였는데, 여기에서는 "보호감호", "치료감호"라는 용어를 "보호수용"과 "치료수용"으로 변경되었다. 용어만 변경되었을 뿐 규정내용은 8월 25일 공개된 형법개정시안의 보호감호와 동일하다. 이름만 슬쩍 바꾸어 보호감호의 부활에 대한 비난을 피해가려는 것은 아닌지 하는 의구심이 든다. 이 글에서는 이미 우리에게 익숙한 용어인 '보호감호'라고 칭할 것이다.

주지하다시피, 우리 사회에서는 2007년 경부터 형벌정책의 강성화 경향이 뚜렷하게 나타나고 있다.[2] 극악한 아동성폭력사건들이 연이어 사회적 이슈가 되면서 아동성폭력범죄자에 대한 강력한 응징과 감시 및 사회적 격리를 요구하는 여론이 비등하였고, 이를 배경으로 삼아 아동성폭력범죄 뿐만 아니라 강력범죄 전반에 대한 강성 통제장치들이 본격적으로 도입된 바 있다. 2008년 9월부터 시행되고 있는 위치추적 전자장치부착제도(이하 "전자발찌"라 함)는 채 2년도 되지 않아 그 적용대상이 성폭력범죄뿐만 아니라 미성년자유괴범죄 및 살인범죄까지 확대되었으며, 부착기간도 최장 30년까지 가능하도록 확대되었다. 성폭력범죄자에 대한 신상공개제도도 인터넷상의 공개로 확대되었으며, 성도착증에 의한 성폭력범죄자에 대해서는 화학적 거세를 실시하는 「성폭력범죄자의 성충동 약물치료에 관한 법률」도 2011년 6월 30일부터 시행하기로 예정되어 있다. 뿐만 아니라, 2010.4.15. 개정된 형법(2010.10.16. 시행)은 징역형의 상한을 30년(가중하면 50년)으로 확대하였다.

이와 더불어 사형집행을 재개하려는 시도가 2008년 이래로 매년 되풀이되고 있음은 익히 알려진 사실이다. 사형의 존치 및 집행의 유혹은 소위 '위험한 범죄자'에 대한 사회적 격리의 가장 극단적인 형태이다.

---

2) 이에 대한 인권법적 비판은, 이호중, "아동성폭력 재범방지정책의 인권법적 쟁점", 국가인권위원회 주최 「아동성폭력 재범방지정책과 인권」 토론회 자료집(2010.7.15.), 35~97면 참조.

필자는 전자발찌, 화학적 거세 등의 형사제재의 도입, 사형집행의 재개움직임과 더불어, 보호감호의 재도입도 '위험한 범죄자에 대한 사회적 격리와 통제'를 목표로 움직이는 수단들이며, 그 통제장치들은 근본적으로 '형벌정책의 강성화'라는 동일한 맥락 속에 위치해 있다는 인식을 갖고 있다. 필자의 이러한 인식을 기반으로 하여, 이하에서 2005년 보호감호 폐지 당시의 논의와 작금의 재도입 논의를 비교하면서 보호감호 폐지의 역사적 의미를 되새겨 보고, 보호감호의 재도입에 대하여 비판적으로 문제를 제기해 보고자 한다.

II. 형법개정안의 보호감호의 주요 내용

1. 보호감호의 폐지와 그 이후 보호감호의 집행상황

1980년 신군부에 의해 도입된 보호감호는 2005.8.4. 폐지되었다(사회보호법의 폐지 및 치료감호법의 제정). 보호감호의 폐지에도 불구하고, 폐지 이전에 이미 확정된 보호감호 판결의 효력은 그대로 유지되도록 하였기 때문에(사회보호법폐지법률 부칙 제2조), 폐지 당시에 보호감호의 집행 중인 자 및 보호감호의 선고를 받고 징역형 복역 중인 자에게는 구 사회보호법에 따른 보호감호가 집행되거나 집행될 예정이다.

2010.9.30. 현재 보호감호 집행중인 자 103명(청송제3교도소 수용)이며, 보호감호 선고를 받고 징역형 집행 중인 자는 178명에 이르고 있다. 피보호감호자의 죄명별 현황은 다음 <표 1>과 같다.

연도 죄명	1999	2000	2001	2002	2003	2004	2005	2006	2007	2008
계	1,640 (100)	1,546 (100)	1,603 (100)	1,675 (100)	898 (100)	239 (100)	86 (100)	63 (100)	58 (100)	66 (100)
강 도	230 (14.1)	226 (14.6)	246 (15.3)	255 (15.2)	138 (15.4)	114 (47.7)	28 (32.6)	32 (50.8)	25 (43.1)	33 (50.0)
절 도	1,204 (73.4)	1,132 (73.2)	1,181 (73.7)	1,243 (74.2)	651 (72.5)	58 (24.2)	43 (50.0)	14 (22.2)	5 (8.6)	5 (7.6)
폭 력	106 (6.5)	94 (6.1)	89 (5.5)	99 (5.9)	41 (4.6)	29 (12.1)	2 (2.3)	4 (6.4)	3 (5.2)	1 (1.5)
상 습 사 기	50 (3.0)	49 (3.2)	50 (3.1)	50 (3.0)	31 (3.4)	10 (4.2)	-	70 (19.7)	-	-
기 타	50 (3.0)	45 (2.9)	37 (2.4)	28 (1.7)	37 (4.1)	28 (11.8)	13 (15.1)	13 (20.6)	25 (43.1)	27 (40.9)

2. 법무부 형법개정안의 보안처분의 주요 내용

1) 보호감호

징역형과 보호감호를 병과하는 방식의 보호감호제는 독일형법상의 보안감호제(Sicherungsverwahrung, 독일형법 제66조)를 역사적·비교법적 모델로 하고 있다. 법무부는 형법의 상습범 및 누범 가중규정을 모두 삭제한다는 전제에서 보호감호제를 독일의 보안감호제와 유사하게 구상한 듯하다. 형법개정안의 보호감호를 간략히 설명하면 다음과 같다.

○ 대상범죄 및 요건(개정안 제83조의3)
- "다음 각 호의 어느 하나에 해당하고 재범의 위험성이 있다고 인정되는 자"
1. 다음 각 목의 죄로 3회 이상 징역 1년 이상의 실형을 선고받고 형

---

3) 법무연수원 발간, 범죄백서 2009년, 2009.12., 365면.

기 합계가 5년 이상인 자가 최종형의 전부 또는 일부의 집행을 받거나 면제를 받은 후 5년 안에 다시 다음 각 목의 죄를 고의로 범하여 1년 이상의 징역을 선고할 때

가. 제164조(현주건조물등에의 방화)부터 제168조(연소)까지의 죄, 제250조(살인, 존속살해)부터 제253조(위계등에 의한 촉탁살인등)까지의 죄, 제257조(상해, 존속상해)부터 제259조(상해치사)까지의 죄, 제287조(미성년자의 약취, 유인)부터 제289조(국외이송을 위한 약취, 유인, 매매)까지의 죄, 제297조(강간)부터 제303조(업무상위력등에 의한 간음)까지의 죄, 제305조(미성년자에 대한 간음, 추행), 제333조(강도)부터 제340조(해상강도)까지의 죄

나. 가 목의 죄로서 다른 법률에 따라 가중 처벌되는 죄

2. 제1호 각 목에 규정된 죄로 징역 1년 이상의 실형을 받은 자가 최종형의 전부 또는 일부의 집행을 받거나 면제를 받은 후 5년 안에 실형을 받은 죄와 같은 종류 또는 유사한 범죄[4]를 2회 이상 범하여 상습성이 인정될 때

---

4) 제83조의4(실형 및 같은 종류·유사죄) ② 제83조의3에서 "같은 종류 또는 유사한 범죄"라 함은 전후의 범죄관계에 있어서 다음 각 호의 어느 하나에 해당하는 경우를 말한다.
  1. 죄명이 같은 경우
  2. 다음 각 목의 어느 하나에 해당하는 경우
  가. 제164조(현주건조물등에의 방화)부터 제168조(연소)까지의 죄 상호간
  나. 제250조(살인, 존속살해)부터 제253조(위계등에 의한 촉탁살인등)까지의 죄 상호간
  다. 제257조(상해, 존속상해)부터 제259조(상해치사)까지의 죄 상호간
  라. 제287조(미성년자의 약취, 유인)부터 제289조(국외이송을 위한 약취, 유인, 매매)까지의 죄 상호간
  마. 제297조(강간)부터 제303조(업무상위력등에 의한 간음)까지의 죄, 제305조(미성년자에 대한 간음, 추행) 상호간
  바. 제333조(강도)부터 제340조(해상강도)까지의 죄 상호간
  3. 제2호 각 목에 규정된 죄와 그 가중 처벌에 관한 죄의 경우

3. 보호수용의 선고를 받은 자가 그 수용의 전부 또는 일부의 집행을 받거나 면제를 받은 후 5년 안에 보호수용을 받은 죄와 같은 종류 또는 유사한 범죄를 범하여 상습성이 인정될 때

○ 보호감호의 기간 – 구 사회보호법과 동일하게 "7년을 초과할 수 없다"고 규정함(개정안 제83조의6 제2항).

○ 보호감호의 집행에 관하여는 "보호수용은 보호감호시설에 수용하여 교화하고, 사회복귀에 필요한 직업훈련과 근로를 부과할 수 있다. 다만, 근로는 피보호수용자의 동의가 있는 경우에 부과한다."고 규정하고 있다(형법개정안 제83조의6 제1항). 이는 구 사회보호법 제7조 제1항5)과 거의 동일한 규정이다.

○ 집행순서
• 형을 먼저 집행하고 보호감호 집행(개정시안 제103조 제1항).
• 치료감호와 보호감호의 판결이 있는 때에는 치료감호를 먼저 집행한다.

○ 보호감호의 집행유예(소위 중간심사) 제도를 도입한 것이 이번 형법개정안의 특징이다(개정안 제83조의7).
• 징역과 보호감호가 함께 선고되지만, 징역형 만기 6개월 전 즈음에 보호감호의 집행여부를 법원이 다시 한번 심사하여 재범의 위험성이 크지 않다고 인정되면 '2년 이상 7년 이하의 기간 동안' 보

---

5) 구 사회보호법 제7조 (보호감호의 내용) ① 보호감호의 선고를 받은 자(이하 "피보호감호자"라 한다)에 대하여는 보호감호시설에 수용하여 감호·교화하고, 사회복귀에 필요한 직업훈련과 근로를 과할 수 있다. 다만, 근로는 피보호감호자의 동의가 있는 때에 한한다.

호감호의 집행을 유예하고 보호관찰을 받도록 할 수 있다.

- 보호감호의 집행유예를 받은 자가 보호관찰 준수사항을 위반하고 그 정도가 무거운 때에는 집행유예의 선고를 취소할 수 있다(개정안 제83조의8).

2) 치료감호

형법개정안의 치료감호는 현행 치료감호법의 내용과 거의 동일하기 때문에 여기에서는 생략하기로 한다.

3) 보호관찰

입법예고된 형법개정안은 보호관찰을 독립된 보안처분으로 도입하여 폭넓게 활용하도록 한 점, 그리고 보호관찰 부과시 전자발찌 부착명령이 가능하도록 한 점이 커다란 특징이다. 그 주요내용을 개관하면 아래와 같다.

- ○ 보호관찰이 부과되는 경우(개정안 제83조의17)
- 아래의 경우 보호관찰의 자동개시(개정안 제83조의17 제1항, 제83조의19)
  1. 보호수용의 집행 중에 있는 자가 가출소한 때(기간 : 기본 5년 +5년 연장가능)
  2. 가출소 또는 가종료됨이 없이 보호수용 또는 치료수용의 집행이 만료된 때(기간 : 기본 7년 +치료감호의 경우 5년 연장가능)
  3. 보호수용의 집행을 유예할 때(기간 : 그 집행유예의 기간 동안)
  4. 치료수용의 집행 중에 있는 자가 가종료되거나 치료위탁된 때 (기간 : 기본 5년 +5년 연장가능)

- 보호감호의 대상범죄를 저질러 3년 이상의 유기징역을 선고할 경우 법원이 재범의 위험성을 고려하여 징역형 집행 종료 이후의 보호관찰을 함께 명할 수 있다(개정안 제83조의17 제2항) - 기간 : 1년 이상 5년 이하(개정안 제83조의19 제4항)

○ 위와 같은 보호관찰이 개시되는 경우 판결 또는 행정처분으로 보호관찰 기간의 범위 내에서 전자장치의 부착을 명할 수 있다(개정안 제83조의18 제2항).

Ⅲ. 2005년 보호감호 폐지를 회고하며
- 사회보호법폐지운동 당시의 보호감호 폐지 논거 -

1. 구 사회보호법상 보호감호에 대한 헌법재판소의 합헌의견과 위헌의견

구 사회보호법상의 보호감호에 대하여 헌법재판소는 다수의견으로 위헌이 아니라는 입장을 일관되게 표명한 바 있으나, 소수의견으로 위헌의견도 개진된 바 있다.[6] 아래에서는 위헌의 쟁점별 합헌의견과 위헌의견을 대비해 본다.[7]

---

6) 헌재 1996.11.28. 선고 95헌바20 ; 1991.4.1. 선고 89헌마17·85·100·109·12 사건 등.
7) 아래 표는, 박찬운, "보호감호제도 왜 폐지되어야 하는가", 「사회보호법, 무엇이 문제인가?」(사회보호법폐지를 위한 공동대책위원회 주최 토론회자료집), 2003.5.22., 33~37면의 내용을 정리한 것임.

1) 형벌과 보호감호의 본질적 차이 여부

합헌의견	위헌의견
보호감호처분은 형벌의 책임 종속성으로 인해 책임능력이 없어 형벌을 과함이 불가능하거나 비례원칙 제약으로 형벌만능으로 행위자의 장래의 재범에 대한 위험성을 제거하기에 충분하지 못한 경우 사회방위와 행위자의 사회복귀 목적 달성을 위해 고안된 것으로 20세기 전반부터 구라파대륙의 여러 나라에서 채택함.	오늘에 있어서 형벌사상은 19세기에 있어서의 그것과는 달리 형벌은 응보가 아니라 범인의 개선, 교육 및 그를 통한 사회방위를 목적으로 하는 것으로 그 점에 있어서 형벌과 보호감호처분은 아무런 차이가 없다. 따라서, 응보형제도의 결함을 보충하기 위해 생겨난 보호감호제도는 더 이상 의미가 없고 필요 없다.

2) 이중처벌금지의 위배 여부

합헌의견	위헌의견
보호감호와 형벌이 자유를 박탈하는 수용처분이라는 점에서 유사하나, 보호감호는 재범의 위험성이 있고 특수한 교육, 개선 및 치료가 필요하다고 인정되는 자에 대해 사회복귀를 촉진하고 사회보호를 위해 헌법 제12조 제1항을 근거로 한 보안처분으로, 그 본질과 추가하는 목적 및 기능에 있어 형벌과 다른 독자적 의의를 가진 사회 보호적 처분이므로 형벌과 보호감호를 병과하여 선고해도 이중처벌이 아니다. 사회보호법 42조에서 행형법을 준용하도록 하고 있으나 둘 다 신체자유를 박탈하는 수용처분이고, 일정기간 격리하여 사회에 복귀할 수 있도록 교정교화하는 것을 목적으로 하는 점에서 차이 없으므로 그러한 한도에서 성질에 반하지 않는 한 집행절차에 행형법을 준용한다는 의미이고, 피보호감호자분류처우규칙에 의하면 집행 장소, 처우(의복, 노동과 보수, 접견, 서신, 두발, 교육, 근로, 직업훈련) 등에 있어 자유형의 집행과 달리 취급하고 있으므로, 문제 없다.	헌법 13조 1항의 이중처벌금지원칙은, 형벌이건 보안처분이건 명칭불문하고 동일범죄에 대해 2중으로 고통을 가하는 것을 금지하는 취지이므로 이름이 보안처분이라 하더라도 내용이 범죄인에 대해 고통을 가하는 것이면 이에 해당. 보호감호의 주된 내용도 감호대상자를 보호감호시설에 격리 수용하여 감호, 교화하고 사회복귀에 필요한 심신 단련과 기술교육 및 직업훈련을 과하는 것이어서 자유형의 내용과 실질적인 차이가 없다. 결국 과거의 전과 때문에 동일한 범죄에 대하여 형벌이라는 이름으로 자유형을 복역하고 다시 보호감호라는 이름으로 자유형을 복역하는 것에 다름이 없으므로 이중처벌에 해당한다.

3) 적법절차 위반 여부

합헌의견	위헌의견
헌법 제12조에서도 '적법절차에 의한 보안처분'을 허용하고 있어 보호감호의 근거로 두고 있는바, 그 내용은 입법권자의 형성의 자유에 속하는 문제이다.	적법절차란 법치주의의 본질적 내용으로서 국민의 권리·의무에 관한 법률은 그 성립절차가 합법적이고 법률의 목적이나 내용도 인간의 존엄과 가치를 존중하는 헌법이념, 개인의 권리를 보호하고 실현하기 위하여 확립되어온 여러 원칙, 자연적 정의에도 합치되어야 한다는 원리. 따라서 거듭처벌금지의 헌법규정에 반하는 보호감호는 그 자체로 적법절차에 의한 보안처분에 해당될 수 없음. 그리고 누범이나 상습성 있는 범죄인등에 대하여는 형법과 특별법등에 누범가중 및 상습범 가중 규정등이 있어 법원이 그러한 법률에 따라 범죄인의 교육·개선에 부족함이 없는 매우 무거운 형을 선고할 수 있도록 되어 있는데 그것도 모자라서 다시 교육·개선을 위한 보호감호라는 미명아래, 아름만 다를 뿐 자유형과 같은 내용의 처벌에 다름없는 보호감호제도를 두어 형 집행 후 중첩적으로 집행하도록 하는 것은 너무 가혹하고 위협적이어서 인간의 존엄과 가치를 존중하는 헌법의 이념(헌법 제10조)에 반하는 바, 적법절차에 위배된다.

4) 보호감호 집행의 열악함으로 인한 위헌여부

합헌의견	위헌의견
2.607평의 협소한 방에 5-8명씩 수용하는 등 시설이나 처우방법 등이 열악하여 인간의 존엄과 가치가 충분히 보장되어 있다고 할 수 없고, 국가 재정형편이 허용되는 한 마땅히 개선되어야 하나, 보호감호집행의 현실적인 여건이 위와 같이 불만족스럽다고 해서 재범의 위험성이 있는 사람들에 대하여 특수한 교육·개선을 함으로써 사회복귀를 촉진하고 사회를 보호하고자 하는 독자적인 목적을 가지고 있는 보호감호제도 그 자체가 이로써 바로 위헌적인 것으로 된다고는 할 수 없다.	2.607평의 방에 5~8명을 수용하고 있다면 1인의 방점유면적이 겨우 0.52평 내지 0.32평 남짓 밖에 되지 아니하여 침식과 기거에 매우 고통스러운 좁은 면적이어서 그 점만으로도 피감호자의 인간으로서의 존엄과 가치를 침해하고 있는 것임. 그리고 청구인들이 방이 너무 비좁다고 지적한 것은 비인간적인 보호감호집행실태의 한가지 예로서 지적하였을 뿐, 보호감호집행의 실태가 전반적으로 비인간적이라고 주장하고 있는 것이므로, 그 밖의 점에 대하여 일일이 지적하여 주장하지 않고 있다고 하더라도 헌법재판소로서는 마땅히 집행방법의 전반에 걸쳐 과연 인간으로서의 존엄과 가치가 보장되어 있는지의 여부를 직권으로 조사하여 만약 집행방법이 부당하다면 집행을 취소하거나 시정명령을 하여야 함

5) 재범의 위험성 판단이 적법절차에 위배되는가 여부

합헌의견	위헌의견
피감호청구인에 대한 재범의 위험성의 판단은 결국 법관에 의한 사후 예측 판단 작용인 이상, 절차상 감호사건과 피고사건을 병합하여 심리하는 경우 예측판단의 시점이 피고사건의 심리종결시점으로 된다하여 반드시 보호감호제도의 본래의 취지에 반한다고 할 수 없고, 보호처분의 관리와 집행에 관한 사항을 심사, 결정하는 사회보호위원회가 설치되어 있어 집행개시 후 매 1년 가출소 여부를, 가출소한 감호자에 대해 매 6월 집행면제여부를 심사 결정하는 바, 보호감호 집행 개시 후 그 성향이 개선되어 재범의 위험성이 없다고 판단될 경우, 위원회의 심사거칠 수 있으므로 문제 없음.	형의 선고 시에 판단해야 할 재범의 위험성은 판결선고시가 기준으로 되어야 할 것이 아니라 형의 집행을 종료한 시점이 기준으로 되어야 하는데, 법관에게 집행 종료시라는 장래의 시점에서의 재범의 위험성 유무를 판결 시에 미리 점치도록 하는 것을 무리한 요구이고, 필경 형의 집행으로 인하여 재범의 위험성이 이미 교정되었을 수도 있는 사람을 람을 무고하게 보호감호시설에 수용하여 불필요한 고통을 주게 될 가능성이 충분히 있음.

6) 재판청구권의 침해 여부

합헌의견	위헌의견
재범의 위험성은 장래에 다시 범죄를 범할 개연성을 의미하므로, 장래의 예측에 따른 불확실성을 가지고 있음을 부정할 수 없으므로, 보안처분을 선고하는 때에 미리 재범의 위험성의 소멸시기를 예측한다는 것은 거의 불가능하여, 본질상 집행단계에서 기간이 확정되는 부정기임을 면할 수 없다. 그러나 사회보호위원회가 이 문제를 해결해 준다.	재범의 위험성에 비례한 감호기간을 선택할 수 있는 법원의 재량을 배제하는 것이므로 재판 받을 권리를 침해하는 것이다.

2. 인권단체들의 보호감호 폐지운동과 그 논거들

1) 공대위의 활동

2003.3. 민주사회를위한변호사모임, 인권운동사랑방, 천주교인권위원회 등 26개 인권단체가 모여 사회보호법의 반인권성을 비판하고 그 근본

적인 해결을 위해 「사회보호법폐지를 위한 인권단체공동대책위원회」(이하 '공대위'라 함)를 구성하여 활동하였다.

○ 보호감호 폐지운동의 주요 경과
- 2003.5.22. 사회보호법폐지를 위한 토론회 개최
- 2003.8.21. 보호감호제도의 폐지를 촉구하는 공대위 의견서 채택
- 법무부장관, 국회 등을 방문하여 보호감호 폐지의 당위성을 설명하고 폐지에 적극적으로 나설 것을 촉구하는 등 활동 전개
- 2003.6. 청송보호감호소 피감호자 616명이 보호감호제 위헌헌법소원 제기
- 2003.7. 대한변호사협회에서도 보호감호제 폐지 의견 제출
- 2004.9.15. 열린우리당 최용규 의원 대표로 「사회보호법폐지법률안」 발의
- 2005.1. 청송보호감호소 수감자 200여명이 보호감호제 폐지를 요구하며 단식농성
- 2005.2.16. 정부와 열린우리당은 당정협의를 갖고 '보호감호제도'가 포함된 현행 사회보호법을 폐지하기로 함.
- 2005.6. 사회보호법폐지법률안 국회 법사위 통과
- 2005.7. 사회보호법폐지법률안 국회 본회의 통과

2) 공대위의 보호감호 폐지의 주요 논거

헌법재판소는 보호감호제에 대하여 "보호감호처분은 재범의 위험성이 있고 특수한 교육·개선 및 치료가 필요하다고 인정되는 자에 대하여 사회복귀를 촉진하고 사회를 보호하기 위한 보호처분이므로 형벌과 보호감호를 병과 한다고 해서 이중처벌금지의 원칙에 위반되지 않는다"는 입장을 분명히 하고 있다. 즉, 헌법재판소의 확고한 입장은 "제도로서 보호

감호"는 위헌이 아니라는 것이다. 이에 대하여 공대위에서는 보호감호의 "현실"에 초점을 두어 보호감호의 집행현실이 보호감호제도의 본래적 목적에 부합하지 않으며, 실질적으로 징역형 집행과 동일하다는 점을 집중적으로 강조하면서 보호감호 폐지의 당위성을 주장한 바 있다.[8] 그 주요 논거는 아래와 같다.

① 보호감호의 현실은 교도소의 징역형 복역과 다르지 않다!
 - 보호감호의 주된 목적은 피감호자를 교육·개선하여 사회에 복귀토록 하는데 있음. 그러나 청송보호감호소의 현실을 보면, 수용시설의 면에서 일반 교도소와 거의 차이가 없으며 오히려 경비등급상 최고의 경비등급인 중구금시설로 운영되고 있음.
 - 경북 청송군 진보면에 위치한 청송보호감호소는 지역사회와 단절된 오지에 위치해 있어 가족 및 친지의 방문이 매우 어렵고 지역사회와의 소통이 전혀 이루어질 수 없는 곳이어서 사회복귀의 이념에 전혀 부합하지 않음.
 - 보호감호의 집행은 징역형의 집행과 동일하고 차별성이 전혀 없음. 오히려 피감호자의 처우는 일반 수형자에 비해 더욱 열악한 것이 현실임. 예를 들어 작업의 경우 수형자에게는 외부통근의 기회가 주어지고 있으나 감호소의 경우 지리적 여건상 외부통근작업이 불가능한 상태임. 교육프로그램의 경우 검정고시 및 독학사과정이 감호소에도 있기는 하지만 감호소의 지리적 여건상 외부강사의 협력을 전혀 받을 수 없음. 직업훈련프로그램도 교도소에 비해 매우 열악한 상황임.

② 보호감호의 집행현실은 사회복귀에 전혀 기여하지 못하고 오히려 재범의 위험성을 가중시키는 상황이다!

---

8) 2003.8.21. 공대위 의견서.

- 피감호자들이 보호감호기간(최장 7년)을 마치고 사회에 복귀하여 또다시 죄를 짓지 않고 정상적인 사회생활을 할 수 있기 위해서는 이들이 사회에 나가 직업을 가질 수 있게끔 지식과 기능을 가르쳐야 하며 수감 중에도 열심히 근로하여 수입의 일부를 사용(使用)을 위해 쓸 수 있고 가족에게 수입의 일부를 보낼 수 있어야 하며 출소할 때에는 저축금을 가지고 나갈 수 있도록 해야 할 것임. 그리고 이 저축금은 적어도 상당액이 되어 이들이 사회로 나갈 때 사회정착금으로서의 성질을 가져야 함. 그러나 보호감호의 실정은 피감호자에게 그들의 적성에 맞는 직업훈련이나 지식을 가르칠 수 없으며(한 두 가지를 제외하면 모두가 20-30년 전의 교도소에서 실시한 전근대적인 직업교육임), 근로보상금을 7등급으로 나누어 2003년 2월 현재 1일 1400원에서 5800원으로 정해져 있음. 이는 피감호자가 사회에 나가더라도 자립의 기반이 되기에는 턱없이 부족한 것. 결국 7년의 기간 동안 사회적으로 고립된 채로 생활하다가 쥐꼬리만한 근로보상금을 가지고 사회에 나가는 상황은 그들로 하여금 다시 범죄를 저지를 수밖에 없도록 만드는 것임. 즉, 보호감호제도는 재범의 가능성을 낮추기 보다는 범죄를 재생산하는 구조로서의 역할을 해왔음.

③ 보호감호의 현실은 기본권의 과잉 제한이다!
- 보호감호제도는 형의 집행이 아니라 사회복귀를 촉진하기 위한 것이어야 하는 바, 보호감호처분을 할 때 응보적 성격은 없어야 하고 오직 사회복귀를 촉진하는 범위 내에서만 감호자의 기본권이 제한되어야 함. 그러나 집행의 현실을 보면, 사회복귀와는 무관하게 서신을 검열하고, 동료나 교도관이 볼 수 있는 상태에서 용변을 보아야 하며, 감시탑, 감시등, 철창, 안에서 열 수 없고 밖에서만 열려지는 방문 등 사생활의 비밀이 전혀 보장되지 않고, 2.607평의

좁은 공간에서 약 4-6명의 인원이 함께 냉난방 시설이 전혀 갖추어지지 않은 상태에서 생활하며 운동시간도 제한되는 등 사회복귀와 무관하게 감호자의 행복추구권 등이 침해되고 있으며, 선거권까지 전면적으로 제한되고 있음. 이미 행위에 따른 책임의 범위 내에서 형을 선고받고 집행을 마친 사람에게 사회보호라는 목적으로 본래의 형량보다 더 길고 가혹한 보호감호처분을 하는 것은 사회 중심부에 있는 사람들의 추상적인 안전을 위하여 사회경제적으로 무능력한 자를 격리하는 것으로서 이는 피감호자의 존엄 및 기본권을 침해하는 것임.

공대위는 위와 같은 집행현실을 폭로함으로써 보호감호가 실질적으로는 형벌의 연장이며 이중처벌이라는 비판을 전개하였으며, 대안으로는 ① 사실상의 이중처벌인 보호감호를 폐지하는 대신, 행형의 목적인 교정이념을 교도소에서 제대로 시행할 것을 촉구하고, ② 범죄를 유발하는 사회적, 경제적 현실에 눈을 돌려 범죄자에 대한 직업알선이나 갱생보호프로그램 등 범죄자의 재범의 위험성을 감소시킬 수 있는 사회안전망의 구축을 촉구한 바 있다.

> "우리의 형벌제도를 제대로 작동시키면 사회보호법의 취지는 달성할 수 있다. 만일 그것으로 달성할 수 없다면 그것은 수형자들의 책임이라기 보다는 행형제도를 잘못 시행한 국가의 책임이지 수형자의 책임이 될 수는 없는 일이다."[9]

그 외 사회보호법이 1980년 반헌법적 쿠데타기구인 국가보위입법회의에서 제정되었다는 점, 그 초기 목적은 삼청교육대에 끌려간 사람들을 장기간 사회로부터 격리시키려는 정치적 목적을 지니고 있었다는 점도 사회보호법의 정당성을 비판하는 논거 중의 하나였다.

---

9) 2003.8.21. 공대위 의견서.

"사회보호법으로 처음 수감된 사람들이 삼청교육대 입소자들이었다는 사실에서 보여지듯이 사회보호법에서 도입한 보호감호처분제도는 상습범인에 대한 재사회화를 위해서라기보다는, 당시의 군사정권이 정치적 억압의 수단으로 마련한 것에 지나지 않았다."[10]

3. 국가인권위원회의 보호감호 폐지 권고

2004.1.12. 국가인권위원회는 다음과 같은 검토의견에 따라 보호감호제의 폐지를 권고한 바 있다.

① 도입목적과 입법과정의 정당성 결여 – 사회보호법은 1980년 신군부의 집권과정에서 계엄포고 13호에 의거 실행된 '삼청교육'과 이들에 대한 사회격리를 위한 청송보호감호소의 설치 및 보호감호처분 등을 위해 국회가 아닌 국가보위입법회의에서 제정되었다. 이는 우리의 사회보호법이 진정으로 사회에 위험한 누범이나 상습범에 대한 재사회화와 사회보호라는 본연의 목적을 위해서라기보다는 신군부의 집권과정에서의 왜곡된 의도에 의해 제정된 것으로, 도입목적과 그 과정에 있어 정당성이 결여된 것이다.

② 이중처벌금지 위배 – 보호감호제도 역시 보호감호시설에 격리수용하여 감호·교화하고 사회복귀에 필요한 교육·훈련 등을 과하는 점에서 형벌제도와 본질에 있어 동일한 교육형으로서 실질적인 차이가 없다. 우리 형법 및 특별형법에 누범과 상습범을 가중처벌 할 수 있는 조항들을 규정하고 있음에도 불구하고, 동시에 보호감호를 인정하고 있는 것은 한 사람의 상습누범이 사회방위 등의 목적을 위해 또 다시 다른 평가와 처벌을 받는 것으로 이중처벌에 해당한다.

---

10) 유해정, "사회보호법, 왜 인권의 문제인가", 「사회보호법, 무엇이 문제인가?」 (사회보호법폐지를 위한 공동대책위원회 주최 토론회자료집), 2003.5.22., 9면.

③ 법관에 의한 재판받을 권리 침해 - 법원이 아닌 보호감호집행기관이 가출소 여부 등을 결정하는 것으로서 헌법 제12조 제1항 적법절차 및 제27조 헌법과 법률이 정한 법관에 의한 재판받을 권리를 침해한다. 보호감호의 본질인 재범 위험성의 판단에 있어 전문적인 대책을 위한 제도적·현실적 여건들이 흠결된 상태에서 보호감호 처분 및 그 집행이 왜곡되거나 남용될 위험을 항상 내포하고 있다.

④ 행형법 준용규정 등에 의한 과잉처벌금지 위반 - 형벌과 보호감호제도가 추구하는 목적과 제도의 본질에 있어 차이를 인정할 경우, 보호감호는 형벌과 달리 보안처분으로서의 성질과 목적·취지에 알맞게 제도화되어야 할 것인데, 보호감호처분의 내용이나 그 집행에 관한 법규정이 그 성질 및 목적을 무시하고 일반 형벌의 내용 내지 행형(行刑)과 동일한 형태로 규정되고 집행되고 있어 과잉처벌금지에 반한다. 사회보호법은 제42조에서 특별한 경우를 제외하고는 원칙적으로 행형법을 준용토록 하여 피보호감호자의 수용생활과 직접 관련된 의료, 징벌, 집필, 귀휴, 계구 사용 등에 있어 교도소와 다르지 않고, 또한 접견, 전화, 서신 등의 처우에 대한 규정인 '피보호감호자 분류처우규칙' 또한 '수형자 분류처우규칙'과 내용이 거의 동일하기 때문이다.

⑤ 보호감호 집행 현실의 인권침해 - 피보호감호자는 불우한 환경으로 인해 청소년시기부터 누적적으로 범죄를 저질러 수회의 전과가 있지만 단순재산범인 경우가 많으며, 또한 이들의 범죄성향은 사람에 대한 공격성과 폭력성을 드러내지 않았고 조직화되지 않았으며 피해의 정도도 경미하기 때문에, 이러한 정도의 범죄인들에게 사회적 위험성으로 인한 형법상 상습범가중처벌과 병렬적으로 개인의 자유를 박탈하는 보호감호를 부과하는 것은 비례성의 원칙에 어긋나며 헌법상 과잉처벌금지의 원칙에도 위배될 소지가 크다. 게다가, 보호감호 집행의 실태(접견 등 외부교통, 의료, 작업, 교육 등)는 일반 교도소와 동일하거나 더욱 열악한 상황이어서 교화를 통한 사회복귀의 목적에 전혀 부합하지 않는다.

Ⅳ. 보호감호의 부활을 정당화하는 논리

1. 법무부의 입장

법무부 공청회(2010.8.25.)에서 보안처분 분야의 발표를 맡은 김일수 교수는 다음과 같은 논거로 보호감호제의 재도입을 주장하였다.[11]

① 일반예방 및 특별예방을 목적으로 한다는 점에서는 형벌과 보안처분에 아무런 본질적인 차이가 없음. 그러나 보안처분으로서 보호감호는 과거에 저질러진 죄값을 묻는 것이 아니라, 범죄자의 장래 위험성을 고려한 예방목적을 추구하는 것이기 때문에 형벌과 보호감호는 그 요건이나 적용원리가 다르며 본질적으로 서로 상이한 제도라고 한다.

② 흉악한 상습범에 대한 대책으로 상습범 및 누범가중제도가 있지만 이는 행위책임의 원칙에 합치하지 않는 것으로 폐지되어야 하고, 대신에 위험성이 있는 범죄자에 대해서는 징역형 외에 보호감호를 통해 '맞춤형 교정'을 실시할 필요가 있다고 한다.

③ 보호감호 등 보안처분은 범죄자가 타인의 자유를 침해할고도의 개연성이 있는 경우에 '추가적인 피해의 예방 및 사회의 안전'을 위하여 범죄자 개인의 자유를 희생시킬 수 있다는 점에서 비례성원칙에 합치하는 제도라고 한다.

④ 상습범이 급증하는 현실에서 누범이나 상습범과 같은 '사회적 위험원'에 대한 사회안전망 구축의 일환으로 보호감호를 활용하는 것이 단순히 형을 가중하는 정책보다 효율적이라고 한다.

⑤ 보호감호는 재범의 위험성이 있는 범죄자를 격리시켜 사회를 보호하는 것을 본질적 특성으로 하는 만큼, "이것을 교화교정처분으로 얼버무

---

11) 김일수, "보호감호처분의 재도입 및 보안처분제도의 형법편입", 법무부 주최 「형법 총칙 개정 공청회」 자료집, 2010.8.25., 201~230면.

리지 말고 순수한 안전처분·보안처분으로 순화시켜서 사회적 위험성이 현저하거나 높은 대상범죄자군에 대해서만 적용하면 남용의 위험을 차단할 수 있다고 한다.

⑥ 보호감호집행에서 의식주, 여가선용, 시설활용, 일과, 직업훈련, 작업 등에서 교도소보다 월등히 개선된 처우를 실시한다면 형벌과 보호감호의 차별화하 이루어질 수 있고 이중처벌의 오해도 불식시킬 수 있다고 한다.

⑦ 형집행 후 보호감호의 필요성에 대하여 법원의 중간심사제도를 둠으로써 남용을 억제할 수 있다고 한다.

⑧ 보호감호의 집행에 대하여 행형법을 준용할 것이 아니라 독자적인 집행방법을 강구하고, 특히 다이버전을 널리 적용하는 방법 등으로 보호감호의 경우 사회적 유대의 강화 및 사회복귀처우에 중점을 두어야 한다.

⑨ 조두순사건 등을 계기로 하여 2010.4.15. 형법개정시 유기징역의 상한을 30년(가중하면 50면)으로 높였으나 이는 응보에 초점을 둔 포퓰리즘정책일 뿐이라고 비판하면서 "형벌 인플레이션과 과부하를 막기 위해서는 오리혀 우리가 5공 악법이라는 낙인을 찍어 장사지내버렸던 보호감호처분을 다시 그의 묘석에서 끌어내어, 새 생명으로 거듭나게 할 뿐만 아니라 이를 형벌 외에 형사제재의 한 축으로 형법전에 당당히 안착시키는 것이 상책"[12]이라고 말하고 있다.

2. 학계의 도입주장

1) 송문호 교수

보호감호의 재도입에 찬성하는 대표적인 학자로 송문호 교수는 다음과 같은 논거를 통해 재도입필요성을 주장하고 있다.[13]

---

12) 김일수, 잎의 글, 227면.

① 상습범 및 누범가중은 행위책임주의에 반하고 형가중정책은 범죄자의 사회복귀에 장애가 되기 십상이므로 상습범 및 누범가중규정을 폐지하고, 대신에 엄격하게 제한적인 범위에서 보호감호를 다시 도입해야 한다.

② 과거 보호감호의 집행현실만 보고 폐지주장이 개진되었으나 보호감호의 본래의 취지, 장래 형사법이 나아가야 할 방향 등에 비추어 보면 보호감호 제도 자체에 대해 도입을 신중히 검토하는 것이 마땅하다고 한다.

③ 아동성폭력에 대한 대책으로 중형주의라든가 전자발찌, 화학적 거세 등이 제도화되었는데, 이는 성폭력범죄의 예방에 기여하는데 근본적인 한계가 있다. 적절한 교정 및 치료프로그램을 내실있게 시행하는 것이 중요하고 이를 위해서는 보호감호제의 도입이 필요하다고 한다.

④ 보호감호제를 획기적으로 개선하여 운영한다면 합리적이고 인도주의적 관점에서 형벌제도를 재편할 수 있으며, 사형제도와 같은 과도한 형벌을 축소하거나 정리하는데에도 유용하다고 한다.

2) 한국형사법학회 형법개정연구회의 입장

한국형사법학회 형법개정연구회는 형법개정안에 보안처분을 포함하면서 보안처분의 종류로 치료감호와 전자감독, 보호관찰을 규정하는 입장을 표명한 바 있다. 여기에는 보호감호가 명시적으로 포함되어 있지는 않다. 보호감호가 폐지된 지 불과 5년여밖에 지나지 않아 재도입 논의가 시기상조라는 입장이 반영된 듯하다.

그러나 당시 형법개정연구회에서는 누범 및 상습범가중규정을 폐지하는 대신에 보호감호를 최후수단으로 엄격한 요건 하에서 시행한다면

---

13) 송문호, "형법개정과 상습누범 : 위험한 성범죄인에 대한 보호감호제도의 재도입에 관한 논의", 형사정책연구 제21권 제1호, 2010, 5-29면.

그 정당성과 필요성이 인정된다는 입장을 부기하고 있어,[14] 보호감호의 재도입에 반대의 입장을 명시적으로 표명한 것은 아니다.

V. 보호감호 재도입에 대한 비판
- 강성 형벌정책에 대한 전반적인 성찰을 위하여

1. 보호감호 폐지운동 당시와 현재의 재도입 논의 상황의 차이점

과거 보호감호의 폐지 주장이 학계와 법조인들 뿐만 아니라 사회 전체적으로도 공감대를 얻을 수 있었던 데에는 다음과 같은 요소가 작용한 것으로 보인다.

첫째, 당시의 폐지운동 진영에서는 출소자의 증언이나 설문조사 등을 통해 보호감호의 집행현실이 교도소와 거의 동일하거나 오히려 더욱 열악하다는 점을 세세하게 폭로하였으며, 이러한 집행현실에 대한 비판은 보호감호가 비록 명목상으로는 형벌과 구별되는 보안처분이라고 하나 "사실상 형벌과 동일한 이중처벌에 해당"한다는 점을 생생하게 보여줄 수 있었다.

둘째, 보호감호출소자들의 재범의 원인 및 재범율에 관련해서도 그들이 본래 재범의 위험성이 높은 사람들이기 때문에 재범율이 일반 범죄자들보다 높은 것이 아니라, 그들이 형벌이 이어 보호감호처분의 집행으로 사회로부터 장기간 격리됨으로 말미암아 출소 후 사회적응에 실패하고 이것이 재범의 원인이 된다는 지적이 보다 설득력을 가질 수 있었다.

---

14) 형법개정연구회 편, 형사법개정연구(Ⅳ) - 형법총칙 개정안 : 죄수·형벌분야, 한국형사정책연구원 연구보고서, 2009.12., 302면.

셋째, 구 사회보호법상 피감호자의 대부분은 절도사범이었는데, 그와 같은 생계형범죄자에 대하여 징역형 외에 보호감호를 집행하는 것은 지나치게 가혹한 처벌이라는 인식이 사회적 공감대를 이룰 수 있었다.

넷째, 노무현정부의 인권친화적 분위기도 보호감호의 폐지에 어느 정도 기여했다고 말할 수 있다.

그런데 현재 보호감호의 재도입을 주장하는 입장에서는 다음과 같은 점에서 과거의 보호감호와는 '차별화'된 보호감호제라고 주장하고 있다. 첫째, 절도사범은 제외하고 살인, 상해, 방화, 강도, 성폭력 등 강력범죄자로서 재범의 위험성이 있는 자만을 대상으로 하여 그 적용범위를 매우 엄격하게 제한한다는 점에서 과거 보호감호와는 다르다고 한다. 둘째, 과거의 집행현실에 대한 반성에 기초하여 새로 도입되는 보호감호의 경우 교정처우를 획기적으로 개선하여 교정교화 및 사회복귀의 이념에 부합하도록 운영할 것이라고 한다. 셋째, 상습범 및 누범가중제도를 폐지하여 형벌의 행위책임원칙을 엄격히 준수하고 대신에 재범의 위험성이 있는 강력범죄자에 대해서는 집중적인 교정과 치료를 실시함으로써 형벌과 보안처분의 이원주의 체제를 정착시킨다는 것이다. 넷째, 보호감호제가 도입되면 포퓰리즘적인 무분별한 형가중정책을 합리적으로 제어할 수 있다는 기대섞인 전망도 내놓는다. 다섯째, 중간심사제를 도입하여 재범의 위험성에 대한 판단을 신중하게 하고 보호감호의 집행필요성에 대해 한번 더 심사하게 함으로써 적법절차를 강화하고 남용의 여지를 획기적으로 감소시킬 수 있다고 한다.

최근 수년 사이에 우리 사회에서 형벌정책에 대한 사회적 인식이 급격하게 변화하고 있다는 점도 주목할 필요가 있다. 최근에 들어 연쇄살인이라든가 아동성폭력 등 위험한 범죄자를 사회로부터 (영구히) 격리해야한다는 인식과 그에 기반한 강성 형벌정책이 급속도로 대중적인 호응을 얻고 있는 상황이다. 이것을 단순히 포퓰리즘적 형벌정책이라고 치부할 수는 없다. 필자가 보기에, 최근의 형벌정책의 변화는 "위험한 범죄자의 격리와 사회적 배제"를 목표로 한 위험관리(risk management)의 형사정책이 본격화하고 있다는 증거로 인식되어야 한다. 보호감호의 재도입도 그러한 맥락 속에서 놓여 있다. 현재 보호감호의 재도입이 논의되는 상황은 우리가 5년 전 보호감호의 폐지운동을 했던 당시와는 분명 다른 맥락 속에 놓여 있는 것 같다. 그러한 만큼 보호감호의 재도입에 대한 비판적인 성찰은 작금의 강성 형벌정책 전반에 대한 성찰의 계기가 되어야 한다.

2. 분석과 비판 1 : 보호감호의 실제 목적은 무엇이며 그것은 정당화될 수 있는가?

법무부와 일부 도입찬성론자들의 주장을 한마디로 요약하면, 「보호감호제를 그 본래의 이념(사회방위 및 교정을 통한 사회복귀)에 걸맞게 제도화하고 운영한다면 이중처벌이 아니고 위험한 강력범죄자로부터 사회를 보호하는 데에도 실제로 기여할 수 있다」는 명제로 요약할 수 있다. 과거의 보호감호와는 다르게 제도설계를 하겠다는 입장인데, 그렇다면 우선 "제도"의 차원에서 보호감호제에 대해 비판적으로 성찰해 볼 필요가 있다.

1) 보호감호의 실질적인 목적과 기능에 대하여

구 사회보호법은 보호감호의 목적으로 '사회보호'와 '범죄자의 교정교화를 통한 사회복귀'라고 규정하고 있었으며, 이번 법무부의 형법개정안에서도 "보호수용은 보호수용시설에 수용하여 교화하고, 사회복귀에 필요한 직업훈련과 근로를 부과할 수 있다"고 규정하고 있다(개정안 제83조의6).

통상 보호감호의 목적으로는 '격리를 통한 사회방위'와 '범죄자의 사회복귀'가 언급되고 있는데, 위에서 지적한 바와 같이 보호감호 재도입찬성론자들은 대체로 '사회방위'의 목적보다는 '사회복귀'의 목적을 강조하고 이를 위하여 보호감호의 집행은 징역형의 집행과 달리 집중적이고 전문적인 교정프로그램이 실시되어야 한다고 주장하고 있다.[15]

그러나 다음과 같은 이귀남 법무부장관의 언급은 보호감호의 실제 목적이 범죄자의 교정교화가 아니라 장기간의 사회적 격리에 있음을 단적으로 드러내주고 있다.

"2005년 폐지되기 전의 보호감호제는 제도를 징역형과 똑같은 방식으로 집행해 이중처벌 논란이 불거졌다. 그러나 다시 도입될 보호감호제는 특정 강력 범죄자의 경우 사회에 나오면 흉기처럼 위험하니 일정한 시설 안에 가둬둔다는 측면이 강하다. 대신 시설 내에서는 징역과 달리 좀 더 자유를 준다는 것이다. 현재 제도 도입 추진이 거의 마무리 단계에 있으며, 2005년 이전에 보호감호 처분을 받아 집행 중인 103명(1일 기준)과 보호감호에 앞서 현재 징역을 살고 있는 178명에게 우선 새 제도를 적용해보고 성과가 있으면 형법 개정안에 반영하겠다."[16]

이귀남 법무부장관이 2010.3.16. 보호감호제의 재도입을 추진하겠다는 방침을 밝힌 곳이 바로 청송교도소, 즉 이전의 보호감호소였다는 사실도 주목할 필요가 있다. "이것은 보호감호를 이전의 구사회보호법에 맞추어 도입하고 처우 역시 이전의 보호감호소와 동일하게 하겠다는 의미를 상징적으로 보여주는 퍼포먼스이다."[17]

---

15) 이정념, "강력범죄의 재발방지를 위한 보호감호제도의 도입방향 및 고려사항 —대상자를 위한 친사회적인 보호감호의 도입을 중심으로", 보호관찰학회 2010년 춘계세미나 발표문, 22-23면이 대표적이다. 그는 "앞으로의 보호감호는 일차적으로 사회를 위한 보호감호가 아닌 대상자들을 위한 보호감호라는 측면에서 개념을 재정립해야 한다."고 주장한다(동 22면).
16) 2010.9.30. 이귀남 법무부장관의 취임1주년 인터뷰(연합뉴스).
17) 김인회, "보호감호 도입방향 및 고려사항에 대한 토론문", 보호관찰학회 2010년 춘계세미나 토론문, 5면.

법무부 형법개정안을 마련한 형사법개정특위도 법무부장관과 유사한 구상을 하고 있음은 김일수 교수의 다음과 같은 언급에서 잘 드러나고 있다.

"보호감호처분은 재범의 위험성이 있는 범인을 격리시켜 사회를 보호하는 것을 본질적 특성으로 하는 만큼, 이것을 교화교정처분으로 얼버무리지 말고, 순수한 안전처분·보안처분으로 순화시켜서 사회적 위험성이 현저하거나 높은 대상범죄자군에 대해서만 적용할 필요가 있다."[18]

이러한 언급으로 미루어 볼 때, 실제 보호감호제가 도입된다면 "위험성"을 내세워 범죄자를 장기간 사회로부터 격리시키는 정책적 수단으로 보호감호제가 활용될 가능성이 매우 크다. 즉, 정부가 구상하는 보호감호의 일차적 목적은 "격리를 통한 사회방위"이고 사회복귀의 원조는 부차적 목적으로 전락하는 셈이다.

비교법적으로 볼 때 보호감호제는 독일의 보안감호제에 기원을 두고 있는데, 보안감호의 집행에 관하여 독일행형법 제129조는 먼저 제1문에 "일반인을 보호하기 위하여"라는 '보안(사회방위)'을 보안감호의 주된 목적으로 설정하고 이어 제2문에는 보안감호수용자가 자유로운 세계로 잘 복귀할 수 있도록 도와주어야 한다고 명시하고 있다. 따라서 위험한 상습범으로부터 사회를 보호하기 위한 '보안'이 보안감호의 1차 목적이라면, 그의 사회복귀를 도와주어야 하는 '교정교화 내지 원호'는 보안감호의 2차 목적으로 설정되어 있다. 징역형의 경우 독일행형법 제2조가 이와 역순으로 행형(자유형의 집행)목표를 설정하고 있는 것과 대조되는 부분이다. 독일의 경우 보안감호는 그 주된 목적이 위험한 범죄자의 장기 격리를 통한 사회방위에 있음을 분명히 밝히고 있는 것이다.

이귀남 법무부장관 및 김일수 교수의 언급으로 보나, 보호감호의 역사적 기원인 독일의 보안감호를 보나, 어느 모로 보더라도 법무부가 추진하는 보호감호제는 '엄정격리에 의한 사회방위'를 본질로 하는 제도로 인

---

18) 김일수, 앞의 글, 219면.

식해야 한다. 보호감호는 사회방위적 관점에서 '위험한 범죄자의 장기 격리를 통한 무력화' 전략을 전면에 내세우는 제재수단이다. 일부 학자들이 보호감호 재도입의 근거로 보호감호가 범죄자의 사회복귀를 위한 처분이라는 점을 강조하는 것은 보호감호제의 본질과 사회적 기능을 왜곡하는 포장 내지 기만책에 불과하다.

2) 비판적 검토

징역형에 연이어 보호감호를 집행함으로써 범죄자를 장기간 사회로부터 격리하는 정책이 헌법적으로 그리고 형사정책적으로 정당화될 수 있는가?

2010.4.15. 형법이 개정되어 징역형의 상한이 무려 30년(가중하면 50년)으로 확대되었다. 그리고 전자발찌라든가 신상공개, 화학적 거세 등 감시와 통제를 목적으로 한 형사제재들이 속속 도입되었다. 이러한 형벌제도의 변화 양상을 한마디로 요약하면, "법정형 인플레이션을 통한 위하예방의 추구", 그리고 "위험성있는 강력범죄자에 대한 각개격파식 무력화전략", 이것이 현재 우리 사회의 형벌정책을 관통하는 목적이자 제도적 기능이라고 말할 수 있다. 보호감호의 재도입도 그 연장선에서 강성 형벌정책의 부흥이라는 맥락 속에 놓여 있다.

이러한 형벌제도의 변화 과정에서 정말 주목해야 할 점은 본래 형벌을 통해 추구해야 할 재사회화 목적이 점점 더 왜소하게 되고 종국에는 무기력하게 되어 버릴 가능성이 매우 크다는 점이다. 보호감호의 도입은 가뜩이나 열악한 교도소의 교정교화처우를 더욱 의미없게 만들어 버릴 것이다. 장기간의 격리를 추구하는 보호감호제의 속성상, 보호감호는 이미 도입된 전자발찌 등의 제재들과 함께 격리와 감시가 최우선적인 목표가 되는 방향으로 형벌정책의 전체적인 변화를 추동하게 될 것이다.

헌법적 차원에서 볼 때, 이러한 상황은 커다란 문제를 안고 있다. 재사회화라는 형벌목적은 여러 형벌목적 중 하나에 불과한 것이 아니라, 헌법적으로 사회국가원칙에 의하여 지지되는 최우선의 형벌목적이어야 하기 때문이다. 독일 연방헌법재판소는 사회국가원리는 국가(입법자)에게 개인이 스스로의 생활질서를 스스로의 책임 아래 결정하고 영위할 수 있도록 실질적인 자유의 조건을 형성하도록 의무를 부과한다고 말하면서, 이것이 형벌정책에 관련해서는 재사회화의 과제로 나타난다고 하였다.[19] 이로부터 행형은 "범죄자에게 적절한 효과를 미침으로써 장래의 범죄없는 생활을 위한 내적 조건"을 형성하도록 해야 하며 더 나아가서는 "수형자가 석방 후에 정상적인 자유사회에 복귀할 수 있도록 외적 조건"을 창조해야 하는 과제를 안고 있다고 한다.[20]

별것 아닌 것 같지만, 재사회화목적의 헌법적 우위성은 형벌정책에서 다음의 두가지 방향을 지시해 주고 있다. 다음의 두가지는 형벌정책에서 재사회화 형벌목적의 우위 속에 여러 형사제재들의 역할이 정립되어야 함을 지시해 준다. 첫째, 형벌제도의 운용에서는 격리와 감시를 목적으로 한 제도보다는 범죄자의 교정과 치료를 내실화하기 위한 노력이 우선되어야 한다. 둘째, 그러한 노력은 당연하게도 징역형 등 기본적인 형벌의 틀 안에서 우선적으로 이루어져야 한다.

이에 비추어 보면, 우리 사회에서 강력범죄의 예방을 위한 형벌대책을 논의하면서 그 동안 교도소는 제대로 기능해 왔는지, 앞으로 교도소의 기능과 역할이 무엇이어야 하는지 등에 대해 아무런 사회적 성찰과 논의도 없이 전자발찌라든가 보호감호와 같은 극단적으로 자유침해적이고 억압적인 제재수단을 우선적으로 도입하는 것은 한마디로 반(反)헌법적 행태이다.

아마도 재사회화를 지향하는 형벌정책이 타당하다는 점에는 아무도 이의를 제기하지 않을 것이다. 그러나 이를 위해 교도소가 어떻게 변화해

---

19) BVerfGE 35, 235.
20) BVerfGE 35, 236.

야 하는지는 우리 사회에서 공론화되지 못한 측면이 있다. 징역형의 재사회화 기능에 대해 고민해야 한다. 아무리 위험한 강력범죄자라도 그에 대한 교정 및 치료는 우선적으로 징역형 행형 안에서 수행되어야 할 것이다. 재범의 위험성을 교정하기 위한 교정교화프로그램을 실시하고자 한다면 그것을 위해 보호감호라는 보안처분이 별도로 필요한 것이 아니라, 교도소에서 징역형의 집행 중에 효과적인 교정처우프로그램을 실시하도록 고민해야 한다. 교정처우프로그램은 이른 시점에 투입하는 것이 바람직한 만큼 보호감호의 집행까지 기다릴 것이 아니라 징역형 집행단계에서 효과적으로 실시될 수 있도록 인력과 예산을 대폭적으로 투입해야 할 것이다.

일부에서는 사회복귀를 위한 "맞춤형 교정프로그램"을 실시하기 위하여 보호감호가 필요하다고 주장하기도 한다. 그러한 맞춤형 교정처우는 바로 행형의 목적이며(이른바 "행형의 개별화원칙") 그처럼 전문적이고 집중적인 교정프로그램은 징역형 단계에서도 얼마든지 투입할 수 있고 또한 그래야 마땅하다. '징역형을 일단 다 복역한 후에 전문적인 교정처우를 실시하겠다'는 발상은 교도소의 교정기능을 말살시키는 정책이 되어 버릴 것이다.

사정이 이러함에도 만약 보호감호제가 재사회화 형벌정책이라고 말한다면, 교도소가 불필요한 구금공간임을 자인하는 것이거나 아니면 형벌권의 중복투입에 의한 과잉형벌권 행사임을 자인하는 것이다. 그렇지 않고 만약 보호감호를 징역형에 연이어 위험한 범죄자를 추가적으로 격리하기 위한 형사제재라고 말한다면, 재사회화정책의 폐기에 대한 해명이 있어야 한다. 어느 쪽이건 그 부작용은 고스란히 중복적인 자유박탈의 집행을 받는 피감호자의 인권침해로 남는다.

3. 분석과 비판 2 : 보호감호의 집행내용이 이중처벌의 우려를 불식시킬 정도로 징역형과 본질적으로 다르게 개선될 가망은 있는가?

2005년에 보호감호가 폐지된 주된 이유는 보호감호가 형벌의 집행과 실질적으로 다르지 않아 "사실상의 이중처벌"에 해당한다는 비판적 문제의식이 우리 국민들 사이에 공감대를 얻었기 때문이었다. 이러한 사정을 의식한 듯, 현재 보호감호의 재도입을 주장하는 입장에서는 과거의 집행현실을 비판하면서 새로 도입될 보호감호는 그 집행과 처우를 획기적으로 개선해야 하며 또 그렇게 하겠다고 한결같이 말하고 있다.

과연 새로 도입될 보호감호의 집행내용이 이중처벌의 우려를 불식시킬 정도로 획기적으로 개선될 가망은 있는 것일까?

법무부는 보호감호시설 내에서 상당한 자유를 보장하고 사회복귀를 위한 전문적이고 집중적인 처우프로그램을 실시함으로써 징역형과 보호감호를 차별화할 것이라고 말하고 있다. 이를 위하여 법무부는 현재 청송 제3교도소에서 보호감호의 집행을 받고 있는 자들에게 개선된 처우를 시범적으로 실시하겠다는 입장이다. 2010년 상반기 현재 청송 제3교도소에 수용되어 있는 피보호감호자에게는 위생장갑 포장·산업설비·검정고시 준비교육 등의 프로그램이 운영되고 있다고 하며, 그들은 접견·전화·근로보상금 등에 있어 일반수형자들보다 우대받고 있다고 한다.[21]

그러나 형법개정안은 보호감호의 내용에 대해 "보호감호는 보호감호시설에 수용하여 교화하고, 사회복귀에 필요한 직업훈련과 근로를 부과할 수 있다"고 규정하고 있는데, 이는 구 사회보호법 규정과 동일한 것이다. 구금에 의한 전면적인 자유박탈이 이루어진다는 점에서는 징역형과 보호감호는 동일하다. 과연 보호감호시설 안에서 생활상의 자유를 조금 더 준

---

21) 이정념, 앞의 글, 8면.

들, 보호감호가 징역형과 집행상의 본질적인 차이를 갖게 되는 것일까?

독일의 보안감호의 집행현실을 보면, 보안감호의 집행에 관하여는 행형법 규정을 대부분 준용하도록 하면서, 다만, 면회시간 및 공휴일의 자유시간을 일반 수형자보다 조금 더 보장하고, 거실내 물품소지에 대하여 조금 더 자유를 허용하고 있으며, 사복착용을 조금 더 넓게 허용하고 작업수당을 좀더 높게 책정하는 정도의 차이를 두고 있는데 불과하다. 우리의 경우에도 결국 보호감호의 집행내용은 과거처럼 징역형과 사실상 동일한 것으로 귀결되는 가운데, 독일처럼 시설내 생활상의 자유를 약간 더 허용하는 정도일 가능성이 크다. 이 정도로 보호감호가 징역형의 집행과 본질적인 차이가 있는 것이라고 말할 수 있는지는 심히 의문이다.

다음으로, 새로 도입될 보호감호에서 교정교화프로그램이 획기적으로 개선될 것이라는 전망은 어떠한가? 과거 보호감호 폐지 당시에는 보호감호의 집행에서 재사회화를 위한 효과적인 교정교화프로그램이 전혀 기능하지 못했다는 비판이 제기되었다. 그것은 단지 보호감호의 집행시 교정프로그램을 실시하기 위한 인력과 예산이 부족했기 때문이라고 치부할 수는 없다. 우리 사회에서 징역형의 경우에도 제대로 된 교정교화프로그램이 전혀 없다는 비판이 제기된 것은 어제오늘의 일이 아니다. 징역형 집행단계에서 작동되지 않는 교정교화프로그램이 보호감호라고 하여 제대로 집행될 것이라는 생각 자체가 환상이다. 교도소에서 성공적이지 못한 교정교화프로그램은 보호감호에서도 그러할 것이며, 교도소에서 효과적으로 집행될 수 있는 교정교화프로그램이라면 그것의 투입을 보호감호의 집행시점까지 미루어야 할 이유가 전혀 없다.

겨우 위생장갑 포장, 산업설비, 구내청소, 검정고시 준비교육 등으로 보호감호의 집행에서 교정교화프로그램이 제대로 작동하고 있다고 주장할 수는 없을 것이다. 그것보다 훨씬 전문적인 교정교화프로그램을 마련해야 하고, 그것은 당장 징역형의 집행단계에서 우선적으로 투입되어야 한다. 예를 들어, 위험한 아동성폭력 범죄자에 대해서는 심리치료나 인지

행동치료프로그램와 같이 전문가들이 체계적으로 관리하는 전문적인 처우프로그램이 집중적으로 실시되어야 하며, 그러한 처우프로그램은 징역형 집행시에 이미 투입되어야 마땅하다. 징역형의 집행에서 교정교화프로그램이 효과적이지 않다는 비판이 많이 있지만, 교도소에서 성공적이지 못한 프로그램이 보호감호에서 효과를 보일 리 만무하다. 교정교화의 어려움은 자유박탈 제재의 구조적인 문제이지 단순히 인력과 예산의 문제가 아니며, 징역형과 보호감호의 차이 때문은 더더욱 아니다.

4. 분석과 비판 3: 헌법상 이중처벌금지 원칙에 대한 인권법적, 역사적 조명

1) 병과주의 방식의 보호감호는 이중처벌금지 위반이다.

보호감호의 집행에 관해 대체주의가 아니라 병과주의를 취하는 한, 보호감호는 형벌과 본질적으로 동일하여 이중처벌이라는 비판에 직면할 수밖에 없다. 이에 대하여 보호감호 재도입 찬성론자들은 형벌과 보안처분은 목적 및 적용원리가 다르기 때문에 이중처벌이 아니라고 강변하고 있다. 우리 헌법재판소도 종래 형벌과 보안처분을 그 목적과 기능이 엄격히 구별되는 별개의 제도라는 전제[22]에서 보호감호라든가 보안관찰과 같은 보안처분을 형벌과 함께 병과하는 것은 이중처벌금지원칙에 위반되는 것이 아니라는 확고한 입장을 견지하고 있다.[23]

---

22) 헌법재판소는 형벌과 구별되는 보안처분의 개념을 다음과 같이 정의한다 : "보안처분은 재범의 위험성이 있는 자를 치료·보호·개선·격리하여 피감호자의 '재범의 위험성'을 방지하거나 예방하고, 이로써 공공의 안전과 이익을 보호하고자 하는 특별예방적 목적처분이다. 즉, 보안처분은 죄를 범한 자 중 '재범의 위험성'이 있는 사람에 한하여 그의 위험성에 대하여 부과하는 제재조치이다"(헌재 1989.7.14. 88헌가5등 병합, 사회보호법 제5조의 위헌심판).

헌법재판소의 법형식적 논증을 전제로 하면, 어떤 제도의 법적 성격을 보안처분으로 규정짓는 한 이중처벌금지라는 헌법적 제한에서 쉽게 벗어나게 되는 것이 현재의 상황이다. 이중처벌금지의 헌법규정은 보안처분이라는 법형식 앞에서 무력하게 되고, 종국에는 국가형벌권의 변칙적 확장에 직면하여 헌법적·인권법적 통제가 불가능해질 우려가 있다. 전자발찌, 화학적 거세에 이어 보호감호의 재도입, 징역형집행 후의 보호관찰부과 등 보호관찰의 확대재편에 이르기까지 '재범의 위험성'을 이유로 하여 다양한 형사제재들이 보안처분의 이름 하에 도입되고 있는 지금의 상황에서 헌법재판소처럼 제도의 법형식이 형벌이냐 보안처분이냐에 따라 이중처벌금지의 원칙을 기계적으로 적용하는 태도가 과연 타당한가에 대해서는 근본적인 성찰이 필요하다.

첫째, 엄격한 응보론을 전제로 하지 않는 한 형벌과 보안처분은 그 목적에서 본질적인 차이가 있다고 말하기 어렵다. 보안처분은 '재범의 위험성'을 요건으로 하여 특별예방적 개입에 초점을 둔 제도이지만 그렇다고 일반예방목적이 완전히 배제되는 것은 아니며, 반대로 형벌도 일반예방 및 특별예방을 주요한 목적으로 고려하기 때문이다. 형벌과 보안처분은 그 목적이 아니라 적용요건과 원리에서 구별될 수 있을 뿐이라고 주장되기도 하지만, 특별예방이 형벌의 목적인 한 '재범의 위험성'이라는 요건은 형벌적용의 단계에서도 고려되어야 하고 또 실제로도 고려되고 있다.

---

23) 헌재 1989.7.14. 88헌가5등 (병합) 사회보호법 제5조의 위헌심판 : "사회보호법 제5조에 정한 보호감호처분은 헌법 제12조 제1항에 근거한 보안처분으로서 형벌과는 그 본질과 추구하는 목적 및 기능이 다른 별개의 독자적 의의를 가진 형사적 제재로 볼 수밖에 없다. ...그렇다면, 보호감호와 형벌은 비록 다같이 신체의 자유를 박탈하는 수용처분이라는 점에서 집행상 뚜렷한 구분이 되지 않는다고 하더라도 그 본질, 추구하는 목적과 기능이 전혀 다른 별개의 제도이므로 형벌과 보호감호를 서로 병과하여 선고한다 하여 헌법 제13조 제1항에 정한 이중처벌금지의 원칙에 위반되는 것은 아니라 할 것이다." 또한 보안관찰처분에 대해서는, 헌재 1997.11.27, 92헌바28 보안관찰법 제2조 등 위헌소원.

형벌은 책임을 근거로 하고 보안처분은 재범의 위험성을 근거로 한다는 적용원리구별론도 형벌목적에 관하여 엄격한 응보론을 전제로 하지 않는 한 실제로는 중복적이며 엄격하게 구별되는 것이 아니다.

둘째, 헌법 제13조 제1항이 규정한 이중처벌금지의 원칙은 국가형벌권의 남용으로부터 법적 안정성과 국민의 신뢰보호를 담보하고자 하는 취지를 담고 있다. 인권법적 관점에서 볼 때, 형벌과 보안처분을 엄격히 구별하여 형벌과 보안처분의 병과는 이중처벌금지의 원칙에 반하지 않는다는 식의 논증을 전개하는 것은 '국가 형벌권으로부터 국민의 기본권보장'이라는 이중처벌금지 원칙의 근본적인 취지와 이념을 몰각한 해석론이다. 형벌과 보안처분은 국가형벌권을 실현하는 형사제재라는 점에서는 공통적이고 국민의 자유에 대한 박탈 내지 제한을 동반한다는 점에서도 동질적이기 때문이다.

이러한 관점에서 이중처벌금지원칙을 재조명해 볼 필요가 있다. 헌법은 "동일한 범죄에 대하여 거듭 처벌받지 아니한다"고 규정하고 있다. '거듭 처벌'이라고 규정하고 있으므로, 여기에서 '처벌'을 '형법상의 형벌'로 국한하여 해석할 이유가 전혀 없다.[24] 형벌의 이름이건 보안처분의 이름이건 간에 범죄에 대한 형사처벌로 부과되는 형사제재라면 이중처벌금지의 원칙에 의하여 제한을 받는 것으로 보아야 한다. 그러므로, 필자의 생각으로는 보안처분에 대하여 대체주의를 취하는 한에서만 헌법상 이중처벌금지의 원칙에 반하지 않는다는 해석이 가능할 것이고 병과주의로 부과되는 보호감호나 보호관찰은 이중처벌금지의 원칙에 반한다고 해석하는 것이 헌법의 기본권보장의 정신에 충실한 해석이 될 것이다.[25]

---

24) 형법 제1조 제1항이 "범죄의 성립과 처벌은 행위시의 법률에 의한다."고 규정하고 있는데, 다수설은 여기에서 '처벌'에는 형벌뿐만 아니라 보안처분도 포함된다고 해석하고 있다. 헌법 제13조 제1항의 '처벌'의 의미도 이와 마찬가지로 형벌 외에 보안처분도 포함하는 것으로 해석해야 한다.
25) 이는 아직 필자의 논증아이디어 차원에 머물러 있다. 추후 이러한 논증을 보완할 기회가 있을 것으로 생각한다.

2005년에 폐지된 보호감호제도에 대하여 국가인권위원회도 이러한 취지에서 형벌과 병과되는 보호감호가 이중처벌금지 원칙에 위배된다는 점을 적시한 바 있다 : "오늘날 형벌사상은 응보가 아니라 범죄인의 개선·교육 및 그를 통한 사회방위를 목적으로 하고 있다. 우리 형법 제51조에 양형의 조건에서 피해자에 대한 관계나 범행의 결과보다는 오히려 범인의 연령, 성행, 지능과 환경 등을 참작사유로 규정하고 있는 점과 행형법 제1조에서도 수형자를 격리하여 교정·교화하며 건전한 국민사상과 근로정신을 함양하고 기술교육을 실시하여 사회에 복귀하는 것을 목적으로 한다고 규정한 것에서도 이를 확인할 수 있다. 사회보호법상 보호감호제도 역시 보호감호시설에 격리수용하여 감호·교화하고 사회복귀에 필요한 교육·훈련 등을 과하는 점에서 형벌제도와 본질에 있어 동일한 교육형으로서 실질적인 차이가 없다고 봐야 할 것이다."[26]

앞서 언급한 것처럼, 보호감호는 공식적인 형벌인 징역형에 연이은 추가적인 격리의 연장으로서의 성격을 지니고 있다. 교정처우를 실시하더라도 그것이 징역형의 집행과 본질적인 차이가 있는 것은 아니다. 보호감호는 징역형과 이름만 다를 뿐 실제로는 형벌의 변형된 형태의 연장을 위한 추가적 제재일 뿐이며, 헌법상 이중처벌금지에 반하는 위헌적인 제도이다. "이중처벌 금지"라는 헌법적, 인권법적 관점에서 볼 때, 형벌과 질적으로 다른 보호감호라는 것은 존재할 수 없다.

2) 보호감호 폐지의 역사적 경험이 갖는 의미

1980년에 국보위에서 사회보호법을 제정하면서 보호감호제가 우리 사회에 도입되었다. 사회보호법 제정의 정당성의 문제는 차치하고, 사회보호법 폐지라는 2005년의 역사적 경험을 되돌아 볼 필요가 있다. 2005년

---

26) 국가인권위원회, 2004.1.12. 결정, 「사회보호법 폐지 및 치료감호 대체법안 마련 권고」.

우리 사회가 보호감호제를 폐지하기로 결단을 내린 것은 보호감호제도가 우리 사회의 범죄예방에 현격하게 기여하여 더 이상 보호감호제도가 필요없을 정도로 범죄사정이 좋아졌기 때문이 결코 아니다. 보호감호는 재범예방이라는 본래의 목적을 달성하는 실패하였을 뿐만 아니라, 보호감호가 징역형과 다를 바 없는 사실상의 이중처벌이며 범죄인의 인권을 침해하는 반인권적인 형벌제도이기 때문에 폐지된 것이다. 국가의 과도한 형벌권 남용으로부터 시민의 인권을 보장해야 한다는 시민사회의 열망이 보호감호의 폐지를 일구어낸 것이다. 비록 헌법재판소는 여러 차례에 걸쳐 보호감호제가 이중처벌금지의 원칙에 위반되지 않는다고 하였지만, 우리 국민들의 인권의식은 이미 보호감호라고 이름만 바꿔 징역형의 연장을 꾀하는 식의 형벌정책이 헌법의 기본권 보장의 정신에 부합하지 않는다는 결단을 보여줄 정도로 성숙해 있었던 것이다.

좀더 거슬러 올라가서, 1989년 사회안전법상의 보안감호를 폐지한 것도 그러하다. 1975년 유신정권에서 제정한 사회안전법(1989년 폐지 후 보안관찰법으로 대체)은 국가보안법 위반사범에 대해 징역형 집행이 종료한 후에 '보안감호'라는 이름으로 기간 제한 없이(사상전향을 하지 않는 한 2년 마다 구금 갱신) 구금할 수 있도록 규정하고 있었으며, 이는 UN 등 국제인권단체로부터 됴퍄적인 반인권악법이라는 비난을 받아오던 터였다. 보안감호제를 1989년 폐지하게 된 것도 우리 사회의 민주화와 인권의식의 성장에 터잡은 소중한 역사적 경험이 아닐 수 없다.

요컨대, 1989년 보안감호의 폐지, 그리고 2005년 보호감호의 폐지는 아무리 나쁘고 위험한 범죄자라 하더라도 국가형벌권의 이름으로 자유박탈 제재를 부과하는 데에는 명백한 인권법적·헌법적 한계가 있다는 인식에 터잡은 우리의 소중한 역사적 경험이자, 우리 사회의 인권법적 발전을 상징적으로 보여주는 역사적 계기였던 것이다.

5. 분석과 비판 4 : '재범의 위험성'이라는 블랙홀

'재범의 위험성'은 보호감호의 실질적 요건으로 중요한 역할을 한다. '재범의 위험성' 유무의 판단은 실제로 보호감호제의 활용정도를 좌우하게 될 것이 분명하다. 그런데 재범의 위험성 판단은 장래의 범죄가능성에 대한 예측적 판단이라서 결코 쉽지 않다. 재범의 위험성을 객관적으로 의심의 여지없이 측정할 수 있는 신뢰할 만한 도구도 존재하지 않는다.[27]

더구나 형법개정안은 독일형법의 보안감호보다 재범의 위험성 요건을 완화해 규정하고 있기도 하다. 독일형법상 보안감호가 부과되기 위해서는 "행위자의 인격과 그의 범행에 대한 종합평가결과 그가 중대한 범죄, 예컨대 피해자에게 정신적으로 또는 신체적으로 심한 피해를 주거나 막대한 경제적 손해를 끼치는 범죄를 범할 성향을 지니고 있어 일반인에게 위험하다고 판단될 것"(독일형법 제66조 제1항)이라는 엄격한 요건이 필요하다. 이와 비교할 때 법무부의 형법개정안은 단순히 "재범의 위험성이 있다고 인정되는 경우"라고 규정하고 있어 재범의 위험성 요건 자체도 엄격하게 설정되어 있지 않다.

이런 상황에서 검찰과 법원은 강력범죄자에 대한 처벌이 약하다는 사회의 비난여론을 의식하지 않을 수 없기 때문에, 형식적 요건에 해당하고 정신과전문의 등 전문가의 진단이 있으면 웬만하면 재범의 위험성이 인정되는 것으로 판단할 가능성이 크다고 말할 수 있다. 즉, 재범의 위험성이라는 요건이 규정되어 있다고 하여도 그 개념 자체가 지극히 불확정적 판단개념이기 때문에, 실무에서 검찰과 법원에 의하여 보호감호가 남용되는 것을 효과적으로 제어하기는 역부족일 것이다.

보다 근본적인 문제로서 '재범의 위험성'이라는 예측적 판단이 보호감호와 같은 형사제재를 정당화할 수 있는지에 대해 심도있는 성찰이 필

---

27) 영화 '마이너리티 리포트' 같은 세상이 현실화된다면 모를까...

요하다고 판단된다. 형법과 형사소송법 이론상 형벌의 전제가 되는 책임에 대해서는 '합리적 의심을 넘어선 증명'이 요구된다. 재판과정에서 재범의 위험성에 대한 증명에서도 마찬가지로 '합리적 의심을 넘어선 증명'이 필요하다고 보아야 한다. 그런데 '재범의 위험성'이라는 것이 누구도 확신할 수 없는 예측적 판단이고 신뢰할 만한 측정방법이 개발되어 있지도 않기 때문에 과연 재범의 위험성에 대해 합리적 의심을 넘어선 증명이 과연 가능하긴 한 것인가 하는 의문이 있다. 물론 '책임'도 엄격한 의미에서 의사 자유가 입증불가능하기 때문에 형사소송에서 책임의 증명은 엄격한 의미에서는 가능하지 않다. 우리는 책임이 없다고 인정되는 케이스를 유형화하여 '그에 해당하지 않으면 책임이 있다'는 식으로 적용할 수 있을 뿐이다. '재범의 위험성'에 대한 판단도 결국에는 유형화의 방법론을 취할 수밖에 없을 것이다. 과학적이라고 일컬어지는 측정도구들이 동원될 것이다. 그러나 책임의 증명에서 '책임없는 자의 유형화' 논증과 동일하게 재범의 위험성 판단에서 '재범의 위험성이 없는 자의 유형화'라는 논증을 보호감호의 요건판단에 원용할 수는 없다는 점에서 책임 증명과 재범의 위험성 증명은 본질적인 차이가 있다. 우리가 할 수 있는 것은 '재범의 위험성이 있는 자의 유형화' 뿐이다. 그러나 이것은 사회구성원에 대하여 예측적 판단에 의한 분류적 통제를 정당화하게 되는 위험을 안고 있을 뿐만 아니라, 그러한 유형화에 의한 증명에서 우리가 과연 '합리적 의심을 넘어선 증명'의 수준에 도달할 수 있는 수단을 가지고 있는지 심각한 의문이다.

VI. 맺음말

이중처벌금지원칙을 인권법적 관점에서 조명해 보면, 범죄를 이유로 한 자유박탈이 형벌이라는 이름으로 부과되는가 아니면 보안처분의 이름으로 부과되는가는 전혀 중요하지 않다. 보호감호는 전면적인 자유박탈을 내용으로 하는 형사제재로서 예방목적을 추구한다는 점에서 징역형과 본질상 동일하다. 그럼에도 단지 보안처분이라는 미명 하에 보호감호가 이중처벌금지 원칙에 저촉되지 않는다고 하면 우리 사회는 보안처분의 이름으로 변칙적인 형벌권 확장을 제어하지 못하는 심각한 사태를 맞이하게 될 것이다.

보호감호가 징역형과 사실상 같다는 문제의식은 이미 2005년에 우리 사회가 보호감호를 폐지한 주된 이유이기도 하다. 그 문제의식은 5년이 지난 지금도 여전히 살아 있다고 보아야 한다. 국가형벌권의 과도한 확장 내지 남용으로부터 국민의 인권을 보호해야 한다는 문제의식이 이중처벌 금지라는 헌법규정에 녹아 있음을 인정한다면 보호감호의 폐지라는 2005년의 결단은 우리 사회의 인권법적 수준을 한단계 고양시킨 역사적 계기 였음에 틀림없다. 지금은 그 소중한 경험을 지렛대로 삼아 형벌정책이 더욱 인권친화적인 방향으로 발전하도록 고심해야 할 시점이다.

법무부가 도입하고자 하는 보호감호의 실질적인 기능이 무엇인지를 분명히 하는 것도 중요하다. 보호감호는 흔히 사회방위와 범죄자의 재사회화라는 두가지 목적을 추구하는 보안처분이라고 설명되곤 한다. 그러나 위에서 분석한 바와 같이, 징역형의 집행에 이어 추가적으로 집행되는 방식(병과주의)의 보호감호제가 추구하는 본래적인 목표는 위험한 범죄자의 사회복귀를 차단하고 그를 사회로부터 장기간 격리시키겠다는 것뿐이다. 진정으로 범죄자의 교정교화를 통한 사회복귀를 고민한다면 징역형 집행을 획기적으로 개선하여 효과적인 교정교화처우를 실시해야 하는 것이지, 보호감호라는 이름으로 편법적으로 징역형을 연장하는 제도를 도입할 것은 아니다.

보호감호의 재도입을 반대하는 것이 마치 치안불안을 방관하는 무책임한 주장인 양 오해되어서는 곤란하다. 위험한 범죄자로부터 국민의 안전을 도모하고 강력범죄를 예방하기 위하여 우리는 다각도의 정책적 노력을 기울여야 한다. 그러나 이를 위해 보호감호라는 추가적인 형사제재를 부활해야 할 이유는 없다. 오히려 징역형 집행의 과감한 개혁, 즉 징역형 행형단계에서 전문적이고 효과있는 교정교화처우를 적극적으로 실시하는 것에서 출발해야 한다. 그리고 범죄를 유발하는 사회적, 경제적 현실에 눈을 돌려 범죄자에 대한 직업알선이나 갱생보호프로그램 등 범죄자가 다시 사회의 일원으로 정착할 수 있도록 사회안전망을 구축하는데에도 힘을 쏟아야 한다. 그러한 노력을 등한히 한 채로, 보호감호라는 이름으로 범죄자를 장기간 격리하는 데에만 몰두한다면 이는 범죄자의 교정교화라는 국가의 의무를 방기하는 것이며, 이를 통해서는 재범방지라는 형사정책적 목표를 달성할 수도 없다. 보호감호의 재도입은 오직 억압적인 구금과 격리를 통해 국가형벌권의 확장을 추구하는 위험한 정책일 뿐이다.

사형제에 대한 대안으로서 절대적 종신형의 도입

허일태*

제37조(경합범과 처벌례) 경합범을 동시에 판결할 때에는 다음 각 호의 구별에 의하여 처벌한다.

1. 가장 무거운 죄에 정한 형이 **절대적 종신형** 또는 무기징역인 **경우**에는 가장 무거운 죄에 정한 형으로 처벌한다.
2. 각 죄에 정한 형이 **절대적 종신형** 또는 무기징역 이외의 같은 종류의 형인 **경우**에는 가장 무거운 죄에 정한 장기 또는 다액에 그 2분의 1까지 가중하되 각 죄에 정한 형의 장기 또는 다액을 합산한 형기 또는 액수를 초과할 수 없다. 다만, 다른 범죄에 정한 형의 하한보다 가볍게 할 수 없다.
3. 각 죄에 정한 형이 **절대적 종신형**이나 무기징역 이외의 다른 종류의 형인 **경우**에는 병과한다.

제40조(**형의 종류**) 형의 종류는 다음과 같다.
1. **절대적 종신형**
2. **무기징역**
3. 징역
4. 벌금

제48조(**법률상의 감경**) 법률상의 감경은 다음과 같다.
1. **절대적 종신형**을 감경할 때에는 무기 또는 20년 이상 30년 이하의 징역으

---

* 동아대학교 법학전문대학원

로 한다. …

제63조(사형)의 규정은 폐지한다.
※ 제63조(사형) 사형은 교정시설 안에서 교수하여 집행한다.

제75조(시효의 기간) 시효는 형을 선고하는 재판이 확정된 후 그 집행을 받
지 않고 다음 각 호의 기간을 경과하면 완성된다.
1. **절대적 종신형**은 30년 …

제77조(시효의 중단) 시효는 **절대적 종신형**, 징역, 구류의 경우에는 수형자를
체포함으로써, 벌금의 경우에는 강제처분을 개시함으로써 중단된다.

Ⅰ. 사형제에 관한 헌법재판소의 입장과
비판적 검토

1. 헌법재판소의 입장

헌법재판소는 2010년 2월 25일 사형제도의 위헌성 여부에 대해 합헌
결정[2]을 하면서 다음과 같은 보도 자료를 언론사에 배포하였다.

헌법재판소는 2010년 2월 25일 관여 재판관 5:4(합헌5, 위헌4)의 의견으로
사형제도가 헌법에 위반되지 아니한다는 결정을 선고하였다. **형법 제41조 제1
호 규정의 사형제도는 우리의 현행 헌법이 스스로 예상하고 있는 형벌의 한
종류이고, 생명권 제한에 있어서의 헌법 제37조 제2항에 의한 한계를 일탈하
였다고 할 수 없으며, 인간의 존엄과 가치를 규정한 헌법 제10조에 위배된다
고 볼 수 없으므로 헌법에 위반되지 않는다**고 판단한 것이다.

---

2) 2010. 2. 25. 결정 2008헌가23(형법 제41조 등위헌제청).

(1) 합헌의견에 대해서는,

① 현행 헌법 제110조 제4항 단서가 '사형을 선고한 경우'에 관하여 규정하고 있는 이상, 이미 사형은 헌법적으로 긍정된 것이며, 다만 헌법 제10조에서 도출된 생명권과의 관계에서는 생명권의 높은 이념적 가치 때문에 사형제는 그 규범영역을 상당부분 양보·축소하여 정의와 형평에 비추어 불가피한 경우에만 그것도 비례의 원칙과 최소침해의 원칙에 따라 행해져야 한다고 해석하면 되는 것이고, 생명권의 최상위 기본권성만을 내세워 실정 헌법이 규정하고 있는 사형제를 가볍게 위헌이라고 하여 부정하는 것은 헌법의 해석을 넘는 헌법의 개정이거나 헌법의 변질에 해당된다는 재판관 이강국의 보충의견, 사형제도 자체를 존치시키면서도, 동서고금을 통해 사형제가 악용된 역사적 경험을 고려하여 형벌로서의 사형에 대한 오·남용을 불식하고 과잉형벌의 지적을 면할 수 있도록, 형벌체계상 조화되기 어려운 사형 대상 범죄를 축소하거나 문제되는 법률 조항을 폐지하고, 존치된 사형 조항에 대해서도 국민적 여론과 시대상황의 변천을 반영하여 최대한 문제의 소지를 제거하는 등 점진적인 방법을 통하여 제도를 개선해 나아가야 할 것이라는 재판관 민형기의 보충의견, 사형제도 자체에 문제가 있는 것이 아니라 사형제도의 남용 및 오용에 문제가 있는 것이므로, 법정형에 사형이 규정된 형벌조항들을 전면적으로 재검토하여 사형이 선택될 수 있는 범죄의 종류를 반인륜적으로 타인의 생명을 해치는 극악범죄의 경우로 한정하고, 나아가 수사 및 재판, 형의 집행 등 모든 절차를 세심하게 다듬고 정비하되, 사형제도의 폐지 또는 유지의 문제는 위헌법률심사를 통하여 해결하는 것보다는 내외의 의견수렴과 토론을 거쳐 국민의 선택과 결단을 통해 입법적으로 개폐하는 것이 바람직하다는 재판관 송두환의 보충의견이 있었다.

헌법재판소가 사형제를 합헌으로 결정한 근거가 첫째로 우리 헌법은 사형제를 예상하고 있고, 둘째로 형벌로서 사형은 헌법상 기본권의 본질적 침해금지규정에 위반되지 아니하며, 셋째로 헌법이 천명하고 있는 인간존엄에 대한 불가침은 사형제를 금지한 것으로 볼 수 없다는 것이다. 헌법재판소의 이러한 논거가 올바른 것이고 정당한 것인지를 아래에서 하나씩 따져보자.

2. 헌법재판소의 합헌결정근거에 대한 반론

1) 사형제도가 헌법상 예상된 제도라는 주장에 대하여

헌법 제110조(군사재판) 제4항은 다음과 같이 명시하고 있다. "비상계
엄하의 군사재판은 … 법률이 정하는 경우에 한하여 단심으로 할 수 있
다. 다만 사형을 선고하는 경우에는 그러하지 아니하다." 헌법의 이 규정
만을 놓고 본다면 헌법해석상 사형은 헌법이 인정하고 있는 제도라고 볼
여지가 없지 않다. '사형'이란 용어가 헌법에 명시되어 있기 때문이다.

그러나 당해 조문을 입체적으로 살펴보면 다음과 같은 사실을 알 수
있다. 본 조문은 國家 非常事態 下의 법원에서 사형을 선고할 때에는 헌법
의 하위법(下位法)인 법률에 의해서는 결코 사형을 單審으로 확정할 수 없
고 반드시 3심제를 거칠 것을 요청하고 있을 뿐, 사형제도의 존치에 대한
어떠한 정당성도 담보하지 않고 있다. 따라서 당해 헌법규정은 형법(물론
군형법을 포함하여)이 사형을 형벌로 두지 아니할 경우에는 아무짝에도
쓸모없는 조항으로 남게 된다. 왜냐하면 형법이나 형사특별법에서 사형
을 형벌로 명시하지 않게 되면 당해 헌법규정은 적용될 여지가 전혀 없어
무용지물이 되기 때문이다. 이런 이유로 헌법 제110조 제4항 단서가 사형
제 존치에 대한 정당성의 근거일 수 없으며, 그렇기 때문에 사형제도 폐
지를 위해 헌법 제110조 제4항 단서를 개정할 하등의 필요조차 없음은 물
론이다. 다시 말해 이 헌법규정이 의미하는 바는 헌법의 下位法에 불과한
형법이 사형을 형벌로 두고 있다면, 헌법은 비상사태 하의 군사재판에서
그 하위법에 근거하여 사형선고를 할 경우가 발생할 수 있고, 이 경우 사
형을 선고할 시에는 단심으로 확정할 수 없도록 헌법적으로 못 박은 것에
불과한 것이다. 따라서 형법이나 형사특별법에서 사형제가 존치하지 아
니하게 되면 당해 헌법규정은 아무 의미가 없게 되며, 존치하고 있더라도

국가비상사태가 발생하지 않으면, 이 역시 무의미하게 된다. 만일 그런 사태가 발생하더라도 사형을 선고할 일이 없다면 당해 헌법조항인 헌법 제110조 제4항 단서는 역시 쓸모없는 조항으로 남게 된다.

헌법 제110조 제4항 단서는 형법과의 사이에 이와 같은 상관관계를 갖고 있다. 그럼에도 헌법과 형법 사이에 이와 같은 상관관계를 무시하고, 헌법의 당해규정(즉 제110조 제4항 단서)이 사형을 명시하고 있기 때문에 사형제도는 헌법상 합헌일 수밖에 없다는 해석론에 집착하게 되면, 이는 결과적으로 하위법인 형법이 상위법인 헌법을 구속하는 불상사를 낳게 하는 셈이 된다. 즉 하위법인 형법에서 명시하고 있는 사형제도의 존재 규정 때문에 상위법인 헌법에서 사형선고에 관한 절차적 규정을 명시한 것임에 불과함에도, 헌법재판소는 이런 현상을 가지고 헌법상 사형제의 정당성을 인정하는 논리를 세웠다. 그러나 이는 모순의 극치이다. 헌법이 하위법의 정당성을 규율해야지, 이와 반대로 하위법인 형법이 헌법의 내용적 정당성의 근거까지 규율하고 간섭하여 헌법을 구속할 수 없기 때문이다.[3]

헌법재판관이라면 적어도 헌법상 무엇이 정당한 것인지에 관해 논리적 상식을 가져야 된다. 한국의 헌법재판관은 아무나 되는 것이 아니고, 法曹界에서 大家라고 하는 분들로 구성되어 있음에는 틀림없기 때문이다. 그럼에도 불구하고 사형제도의 위헌성에 관해 헌법재판소의 다수가 헌법 제110조 제4항 단서와 형법상의 사형이라는 형벌과의 사이에 합리적이고 적절한 관계설정조차 제대로 하지 못한 채, 헌법이 '사형'이란 용어를 명시하여 두고 있다는 이유로 사형제도의 정당성을 인정하는 헌법상의 결정적 근거로 당당하게 삼았다는 점에서 몹시 슬프고 쓸쓸할 뿐이다.

---

3) 우리 헌법재판소는 바로 이런 모순, 즉 하위법인 형법이 상위법인 헌법을 구속한다고 우기는 우를 범하였다. 현행 형법이 사형제를 존치하고 있어 비상 사태 하의 군사법원은 사형선고가 가능하며, 이럴 경우 단심으로 하지 말라고 하는 것을 가지고 사형제의 정당성을 인정하는 근거로 삼았기 때문이다.

2) 사형제도는 헌법상 본질적 침해금지가 아니라는 주장에 대하여

헌법 제37조 제2항은 "국민의 자유와 권리는 … 공공복리를 위하여 필요한 경우에 한하여 제한할 수 있으며, 제한하는 경우에도 자유와 권리의 본질적 부분을 침해할 수 없다."고 천명하고 있다. 이 규정을 통하여 우리는 두 가지 원칙을 가지게 된다. 첫째로 국민의 자유와 권리의 제한은 공공복리 등을 위하여 필요한 경우에 한정함으로써 기본적 인권의 제한은 '헌법상 비례성의 원칙'에 반할 수 없음을 분명히 하고, 둘째로 제한하는 경우에도 본질적 부분의 불가침을 천명함으로써 기본적 인권의 본질적 부분의 침해불가를 밝히고 있다. 헌법재판소는 헌법의 이런 규정이 사형제의 위헌성을 확정하는 데에 아무런 기여를 할 수 없음을 분명히 하였다. 즉 사형제는 헌법 제37조 제2항과 아무런 관련이 없다는 것이다.

헌법상 비례성의 원칙이란 기본권의 침해에 있어서 目的의 正當性과 手段의 相當性, 被害의 最小性, 兩 法益 間의 均衡性 및 다른 手段으로 할 수 없는 補充性 내지 最後手段性을 核心으로 한다. 그렇다면 死刑制의 存置理由가 무엇인가를 따져 보아야 한다. 憲法은 基本權을 制限할 수 있는 事由로 '國家安全保障·秩序維持·公共福利'를 들고 있기 때문에, 이들과 基本權과 比例性의 原則에서 基本權의 限界를 찾아야 된다. 즉 死刑制가 憲法上 比例性의 原則에 合當하려면 이들 國家安全保障 등의 利益이 死刑制로 侵害되는 人間生命侵害보다 目的에서 正當하고, 手段에서 相當하고, 被害에서 最小性을 維持할 수 있고, 個人의 生命보다 越等한 利益을 누릴 수 있으며, 끝으로 死刑 以外에 다른 手段으로 對處하는 것이 有事한 效果를 가질 수 없는 경우에 局限된다.

그렇다면 첫째로 국가의 안전보장 등의 목적에 비추어 볼 때 사형제의 존치가 정당한 것일까? 물론 사형제를 통하여 용납할 수 없는 반인륜적 범죄를 충분히 억제할 수 있다면 나름의 목적달성을 위해 사형제의 존치를 허용할 명분이 없는 것은 아니다. 따라서 사형제가 그나마 국가의 안전보장이나 사회질서유지를 비롯한 국가목적의 정당성 차원에서 허용될 수 있으려면 범죄억제력이라고 하는 일종의 공공의 이익이 담보되어야 한다. 그러나 사형의 범죄억제력이 없음은 UN 인권위의 1988년과 2002년 두 번에 걸친 광범위한 조사결과에서 이미 공식적으로 확인되었다.

그렇다고 헌법은 사형제도 자체를 정당한 것으로 평가하고 있을까? 이에 관해 헌법 제10조에서 인간존엄에 대한 불가침과 인간존엄보장을 위한 국가의 책무, 헌법 제37조 제2항 후단은 기본권의 본질적 침해금지를 명시하여 모든 기본권의 원천인 생명이 어떠한 경우에도 침해될 수 없도록 하고 있다. 게다가 헌법전문도 "각인의 기회를 균등히 하고, 능력을 최고도로 발휘하게 하며, 자유와 권리에 따르는 책임과 의무를 완수하게" 함을 천명하고 있다. 이들 헌법규정이 의미하는 바는 국가는 개인의 존엄을 담보하고 개인의 능력을 최고도로 꽃피우기 위한 수단이지, 국민이 국가의 존립을 위한 수단일 수 없다는 것이다. 그러므로 수단은 목적을 넘어설 수 없다는 점에서 개인의 생명박탈에 의한 형벌권이라는 국가의 수단은 인간존엄의 보호라는 목적을 넘어설 수 없다는 점에서 사형제에 의한 국가달성은 그 목적의 정당성을 상실한 것임에 틀림없다.

둘째로 사형제가 사회평화를 위한 합리적이고 적절한 수단으로 작용함으로써 비례성의 핵심내용인 수단의 상당성을 훼손하지 않는다고 말할 수 있을까? 사형제의 대안으로 가석방 없는 절대적 종신형으로도 사형과 동일한 수준의 사회평화와 질서유지에 기여할 수 있음은 말할 필요조차 없다. 뿐만 아니라 사형이란 형벌은 잔인하며, 반인륜적이고 굴욕적인 형벌이어서 문명국가로부터 점차 외면 받고 있다. 이와 같이 사형제가 갖는 반인륜적성 및 잔인성 때문에 헌법재판관 11명 전원이 만장일치로 사형제도의 위헌성을 확인했던 남아공 헌법재판소나 1명의 헌법재판관을 제외한 모든 헌법재판관이 위헌 결정했던 헝가리 헌법재판소의 결정문은 결코 놀랄 일도 아니며, 전혀 새로운 일도 아니다.

셋째로 사형제는 피해의 최소성이라는 비례성의 원칙을 달성하였을까? 사형제가 반인륜적 살인범죄 등의 예방목적을 충분히 달성할 수 있었다면,

사형을 선고하고 집행함으로써 살인 등 범죄의 발생률이 감소하였어야 한다. 그렇다면 사형을 그렇게도 많이 선고(매년 평균 22명)하고 집행(매년 평균 16명)하였던 지난날의 권위주의 시절에는 우리나라에서 인구 10만명당 약 2.1명 정도의 살인범이 해마다 발생하였으며, 사형집행이 전혀 이루어지지 않은 1998년 1월부터 2010년 10월 현재까지 역시 동일한 비율인 2.1~2.2명가량의 살인범이 해마다 발생되고 있어 양자 사이에 실질적으로 아무런 차이가 없음을 볼 수 있다. 더구나 1997년 말에 들어 닥친 국가적 파산 앞에 IMF의 도움으로 기사회생하였지만, 이 과정에서 중산층의 몰락과 사회적 갈등이 심화되었던 사회 상황을 감안할 때 이와 같은 결정적 차이가 없는 현실은 무엇을 말하고 있을까. 어느 한 순간 고조된 국민감정에 의한 판단이 항시 眞理나 正義일 수 없으며, 오히려 사형제도의 존치로 말미암아 무고하게 刑場의 이슬이 되었던 최창식 대령, 조봉암 국회부의장, 조용수 민족일보 사장, 捏造된 因革黨再建委의 被害者들은 司法殺人의 희생양이 되었다. 사형제도가 없었다면, 이것이 어디 가능한 일이겠는가?

넷째로 사회방위를 위한 최후수단으로서 사형제가 불가피한 것인가? 이 문제에 대해 사형제 대신에 절대적 종신형제도에 의해 얼마든지 반인륜적인 연쇄살인범 등을 격리하여 사회평화를 달성할 수 있다는 점에서도 역시 사형제가 사회평화를 위한 최후수단일 수 없음은 물론이다. 그럼에도 우리 헌법재판소는 사형제가 헌법상 비례성의 원칙에 반하지 않는다고 강변한다. 그것도 그에 관한 충분한 해명 없이 정언명령처럼 '사형제는 비례성의 원칙에 반하지 않음'이란 딱지 하나로 끝내버렸다. 그러면서도 "사형은 신중히 하라."고 말한다. 제발 논증이라도 신중히 하길.

더욱 가관인 것은 헌법재판소는 "사형제도가 헌법상 기본권의 본질적 침해금지조항에 위배되지 아니한다."고 판시하였다. 헌법재판소의 이런 내용의 결정을 보면서 한편으로 헌법 제37조 제2항 후단의 역사도 모르면서 사형제도의 위헌성을 마음대로 결정하는 헌법재판관의 용맹을 다시 한 번 확인할 수 있다. 현행 헌법 제37조 제2항 후단은 1960년 5월의 제3차 헌법 개정을 통해서 독일 기본법 제19조 제2항의 동일한 내용을 수용한 것이다. 당시의 우리 헌법 제28조 제2항 후단이 바로 그 내용이다. 제헌헌법에서는 지금과 같은 본질적 침해금지조항이 없었기 때문에, 형법에서도 사형제도의 존치가 가능했고, 이승만 정권은 이 제도를 통하여 정적(政敵)인 조봉암을 사법살인 했던 것이다. 1960년 4·19 혁명에 의해 이승만의 권위정권을 물리치고 민주정권을 인수한 장면 정권과 민주당은 다시금 이 땅에서 사법살인을 극복하고 독재 권력으로부터 본질적 인권을 수호하기 위해 기본권에 대한 본질적 침해금지조항을 두게 되었던 것이다.

우리가 헌법재판관이라는 대단하신 분들 역시 사람일 테니까, 한국 헌정사를 모를 수도 있다. 그렇다 하더라도 기본권의 본질적 침해금지조항이 사형제도와 양립한다는 사고방식은 어디에서 나왔을까? 사리를 변별할 수 있고, 그에 따라 행동할 수 있는 만 14세 이상의 학생들에게 다음과 같은 질문을 하여보자. "신체의 자유에 대한 본질적 기본권은 무엇이냐고." 질문이 어려워 대답을 못하면 다음과 같이 다시 한 번 하자. 즉 "절도를 할 경우, 그 절도범의 팔을 잘라버리면 신체의 자유에 대한 본질적 침해인지를." 아마 대부분은 그렇다고 할 것이다. 그리고 성실한 중학생 수준의 학력이면 100% 모두 그렇다고 할 것이다. 그렇다면 상습절도범이고 너무나 큰 액수를 절도했다면 그의 팔을 잘라 버리는 것이 더 이상의 절도를 막을 수 있는 최상의 진리라는 점에서 형벌로 팔을 절단하도록 하는 것에 동의하는지를 묻고 싶다. 모르긴 하지만 대부분의 경우 그것은 인권의 본질을 침해하기 때문에 절단할 수 없다고 할 것이다.

이를 헌법재판관에게 묻고 싶다. 오늘날 한국 형법이 눈에는 눈, 귀에는 귀라는 형벌을 두고 있다면, 그러한 형벌은 위헌이 아니라고 할 것인지를. 모두 위헌이라고 할 것은 분명하다. 왜냐하면 오늘날 형벌은 복수사상을 극복하였기 때문에. 그렇다면 절도범죄에 대해 우리 형법이 신체절단형(身體切斷刑)을 두고 있다면, 합헌이라고 할 것인지를. 헌법재판관 모두 오늘날 형법은 복수(復讐)일 수 없다고 하면서 신체절단형은 신체의 본질적 기본권을 침해한 것이라고 대답하지 않을까?

그렇다면 신체의 자유에 관한 내용을 살펴보자. 신체의 자유는 인간의 신체와 그 신체에 (사리를 변별하고 자기결정권을 행사할 수 있는) 정신, 다름 아닌 인간의 생명이 깃들어 있음을 요건으로 한다. 따라서 인간의 신체에서 정신을 빼면, 시체밖에 남지 않는데, 신체의 자유의 핵심은 시체에 불과한 인간 신체 자체일까, 아니면 생명이 깃들어 있는 신체일까? 후자가 올바른 것임을 의심할 수 없다면, 신체의 자유의 핵심은 인간의 생명을 본질적 내용으로 삼고 있음을 보여준다.

이는 생명을 제외한 모든 인간의 기본권은 인간의 생명을 전제로 하고 있음을 뜻하며, 생명 없는 기본권은 그 자체 무의미한 것이다. 그럼에도 불구하고 인간의 생명은 인간 기본권의 본질적 핵심이 아니라고 주장하고 있는 분들은 도대체 생명을 완전히 제외한다면 무엇을 본질적 기본권이라고 말할 수 있을까? 본질적 기본권이 없다고 아예 해석한다면 헌법의 문언에 반한다. 있다고 해석한다면 그것은 생명을 불가결의 전제로 삼고 있다는 점에서 생명을 제외하고 그 보다 더 본질적인 기본권을 찾아낼 수 있을까?

3) 사형제는 인간존엄의 불가침성과 모순되지 않는다는 주장에 대하여

헌법 제10조는 인간의 존엄성과 기본적 인권을 천명하고, 국가는 이것들의 불가침성을 확인하고, 보장할 의무가 있음을 명백히 하고 있다. 헌법상의 이러한 규정에도 불구하고 헌법재판소에 따르면 인간존엄의 가치인정과 이에 대한 불가침의 천명은 사형제도의 합헌성에 아무런 걸림돌이 되지 않음을 확인하였다. 즉 "형법 제41조 제1호 규정의 사형제도는 … 인간의 존엄과 가치를 규정한 헌법 제10조에 위배된다고 볼 수 없으므로 헌법에 위반되지 않는다."고 하였다.

그렇다면 헌법재판소에 묻고 싶다. 헌법이 예정하고 있는 인간의 존엄은 무엇을 의미하며, 국가는 무엇 때문에 헌법을 통하여 국민에게 인간의 존엄을 보장해야 할 책무를 지도록 했을까? 유감스럽게 이러한 문제에 대해 헌법재판소는 아직까지 아무 말도 하지 않고 있다. 고민조차 한 것으로 보이질 않는다. 몰라서 그런다면 무식한 것이고, 알면서도 사형제도가 헌법 제10조에 위배되지 않는다고 결론 내렸다면 그것은 헌법을 왜곡해도 지나치게 왜곡한 셈이 된다. 그 이유는 다음과 같다.

무엇 때문에 인간이 존엄한 것인지를 알아야만 그리고 그에 대한 국가의 책무를 올바르게 파악해야만, 우리는 헌법 제10조의 인간존엄성의 불가침원리를 제대로 이해할 수 있다. 그러므로 인간이 왜 존엄한 대상인지 일단 고민해 보자. 필자는 인간을 존엄한 실체로서 파악해야 할 이유에 대해 다음과 같은 근거 때문으로 이해하고 있다.

첫째로 인간은 종족보전과 생존보존본능의 달성을 위해 인간 자신을 보호할 국가를 세우게 되었으며, 국가와 그 이외의 모든 물체에 대해서도 인간 우위를 인정하고, 그 결과 인간은 국가를 인간존엄의 보장수단으로 파악하면서, 다른 모든 물체에 대해서도 인간 우선을 강조하게 되었다. 이러한 생각은 지극히 인간본위적(人間本位的)이긴 하지만, 인간은 그 자신의 능력을 최대한 꽃피워 행복한 삶을 영위하기 위해서 그와 같은 생각(즉 국가의 존립을 통한 국민의 존엄보장과 다른 모든 물체에 대한 우선권)을 불가피한 것으로 전제한다. 이러한 맥락에서 인간이 인간존엄을 위한 수단으로서의 국가에 대한 가치적 우위를 확고히 하고, 그와 같은 생각이 객관적인 설득력을 갖도록 하기 위하여 우리는 "인간을 위한 맹목적 수단에 불과한 국가에 대해서 뿐만 아니라 다른 동식물 등의 생명체와는 근본적으로 구별되는 우월적 능력을 인정하고, 이에 따라 인간을 존경받을 만한 가치가 있는 주체"로 인정할 수밖에 없게 구조화 되어 있다고 본다.

둘째로 인간은 사회평화와 발전을 위한 능력과 책무를 지녔다. 이와 같은 가치는 "인간은 합목적적으로 행동할 수 있는 자기결정권을 가졌을 뿐만 아니라 이에 따라 행동하는 능력을 가졌다."는 데에서 그 근거를 찾을 수 있기 때문이다. 즉 인간이 다른 동물에 비해 근본적으로 다른 점은 소극적으로는 본능적 행동양식으로부터 광범위하게 자유롭다는 데에 있고, 적극적으로는 그의 행위의 올바른 지침을 자신의 통찰력을 통하여 발견하고, 또한 설정하여 현실화 시키는 능력을 가지고 있다는 데에 있다. 따라서 인간은 자신에게 주어진 객관적 사정에 그대로 따르지 아니하고, 자신의 행위를 조종해 나가면서 자신의 목표를 적극적으로 형성할 수 있는 능력을 구비하고 있기 때문에 인간의 사회적 공존을 위해서 그 자신의 능력에 어울리는 행동을 해야 할 사회적 책무를 지니게 된다.

셋째로 인간 모두는 그 자신의 본분에 걸맞은 활동을 통하여 오늘날과 같은 발달된 국가를 건설하고 문화를 발전시킨 업적을 이룩했으며, 국가는 이러한 업적을 남긴 국민에게 이에 상응한 보상을 해 주어야 할 책무를 부담한다. 즉 인간 자신의 사회적 책무의 이행을 통해서 오늘날의 문화국가가 이룩될 수 있었지, 인간이 아닌 다른 동물이나 생명체에 의해 이와 같은 사회가 건설된 것이 아니다. 따라서 국가구성원인 국민으로부터 혜택을 받는 국가는 그 혜택을 준 구성원 개개인의 기본권을 보장해 주어야 할 책무가 있는 것이다. 그러므로 국가는 사회적 책무를 부담하는 인간을 위해 그의 인간적 존엄을 보장해야 할 책무를 져야 되는 것이다.

그러므로 인간으로서의 존엄성이란 것은 ① 국민의 안위가 국가존립의 제1차적 목적이지 국가의 존립이 국민의 안위를 위한 최종 목적일 수 없으며, 따라서 국가는 국민의 안위목적을 위한 수단이자 봉사자로서 책무를 진다는 것을 의미하고, ② 동물이 아니고 인간만이 결정적으로 국가의 존립과 사회평화의 형성과 및 유지를 위해 헌신하여 왔기 때문에 국가는 그 헌신에 대한 응답할 책무를 국민에게 지며, ③ 인간은 합리적 자기결정권을 행사할 수 있는 능력과 지혜를 구비하고 있다는 점에서 건전한 사회발전과 평화유지에 기여해야 할 사회적 책무를 지고, 이러한 책무에 대한 국가의 응답으로서 국가의 인간에 대한 존경을 헌법적으로 보장함을 의미하는 것이다. 즉 어떠한 국민도 인간으로서의 존엄성을 지니며, 이를 담보하는 것이 국가의 핵심적 책무인 것이다.

헌법은 바로 이런 점들 때문에 국가가 국민의 존엄을 확인하고, 이를 보장할 책임을 지도록 한 것이며, 그 결과 이러한 존엄의 핵심인 기본적 인권에 대한 본질적 침해는 결코 용납될 수 없는 것이다. 이에 따라 인간의 본질로 간주되는 인간생명을 비롯하여 생명의 전제가 되는 신체의 기능과 완전성 그리고 인격권의 실질적 내용이라고 할 수 있는 인간의 핵심적 자기결정권을 본질적으로 침해하는 행위는 언제나 인간의 존엄에 반한다고 해야 할 것이다. 또한 입법자의 입법형성권에 의해서도 이들 권리들의 본질은 침해할 수 없다고 해야 할 것이다. 헌법 제10조가 가지고 있는 의미를 이렇게 이해할 때, 헌법상 사형제도의 허용은 용납될 수 없게 되며, 헌법 제10조의 위반이 될 수밖에 없게 된다.

그럼에도 불구하고 헌법재판소는 인간의 생명을 박탈하는 사형제도가 인간의 존엄이라는 헌법 제10조의 가치를 침해하지 않는다고 궤변을 늘어놓고 있다.

4) 윤리적 존재로서의 국가와 제도적 살인행위로 사형제의 부당성

국가는 윤리적 존재이다. 그러므로 거짓말을 할 수 없고, 자신과의 약속에 철저해야 한다. 또한 이성적으로 결정해야지 감정적으로 판단해서도 아니 된다. 국가 자체는 감정의 산물이 아니라, 이성의 산물이기 때문에 형벌도 감정에 의한 복수가 아니라 이성에 의한 책임주의에 철저한 형벌이어야만 한다. 그래야만 국가는 권위를 갖고 국민에게 약속의 준수를 요청할 수 있기 때문이다. 그리고 국가는 사회질서 유지 등을 위해 국민들에게 절도나 강도뿐만 아니라 살인도 금지하고 있다. 그리고 절도나 강도를 하면 그에 상응한 책임을 부과하고 형벌로 처벌한다. 국가 스스로 절도나 강도 등을 해서는 아니 됨은 물론이다. 그렇다면 살인을 하지 말라고 국가가 국민에게 요구했다면 국가 스스로 살인을 하는 것은 모순이다. 국민에게는 살인하지 말라고 하면서 정작 국가 자신은 사형제라는 형식을 빌려 고의로 살인을 한다는 것은 파렴치의 극치이다.

Ⅱ. 사형제 폐지를 위한 이행방향으로서 절대적 종신형제도

1. 국제인권기준에 근거한 사형제의 존폐에 대한 이행방향

1948년 UN총회에서 채택된 세계인권선언 제3조가 "모든 사람은 생명·자유 및 신체의 안전에 대한 자유를 가진다.", 제5조가 "모든 사람은 누구를 막론하고 고문을 받게 하여서는 아니 되며, 잔인하고 비인도적인 혹은 비열한 처벌을 받게 하여서는 아니 된다."고 천명하였다. 이들 양 조문을 결합하면 '사람의 생명과 신체'에 대해 고문의 형식이거나 비열하고 잔인한 형벌이거나 그 종류와 방식을 묻지 않고 인간에 치명적인 고통을 가할 수 없도록 하고 있다.

이러한 내용을 가진 세계인권선언의 정신에 따라 1966년 12월 16일 제21차 UN총회에서 채택된 '시민적 및 정치적 권리에 관한 국제규약'(이른바 B규약) 제6조 제1항은 "모든 사람은 타고난 생존권을 갖는다. 이 권리는 법으로 보호되어야 한다. 누구도 자기의 생명을 함부로 박탈당하지 않는다."는 점을 분명히 하였다. 그러나 당시만 하더라도 전세계 국가 중 대부분의 국가가 사형제를 존치하고 있는 상황이었기 때문에 이 B규약은 사형집행의 제한에 보다 역점을 두게 되었다. 그 결과 동 규약 제6조 제2항 이하에서는 사형을 폐지하지 않은 국가의 경우를 상정하고, 집행제한의 조치에 관한 일반적 원칙을 천명하였다.

한편 1950년 11월 4일 로마에서 조인된 '인권 및 기본적 자유보장을 위한 협정'(이른바 유럽인권협약)의 제6의정서에 따르면, "제1조 사형제는 폐지되어야 한다. 아무도 사형선고를 받지 아니하며, 처형되지 아니한다."

고 못 박았다. 이후 유럽은 EU라는 유럽연합으로 확대 개편되고, 이 유럽연합에 가입하기 위해서는 사형폐지를 절대적 조건으로 삼았다.

1998년 7월에 체결된 로마협약은 반인륜적 범죄[4]에 대한 대책으로 국제사회에서 그런 범죄를 영원히 척결하기 위해 당해 범죄의 구성요건을 명시하고, 이에 위반한 경우 국제형사재판소(ICC)[5]의 재판을 통하여 처벌될 수 있도록 하였다. 로마협약 7조에 따르면, 반인륜적인 범죄는 공격주체가 일반 시민들을 상대로 조직적이고 광범위한 공격을 하는 경우로, 공격주체는 이런 행위가 이루어지고 있다는 것을 의식하여야 한다. 여기서 반인륜적 행위란 a) 살인, b) 박멸(생존에 필요한 식량, 건강 환경이 제한되는 경우를 포함), c) 강제노예, d) 강제이주나 추방, e) 구금 또는 행동의 자유를 규제함, f) 고문, g) 강간, 강제 매춘, 강제임신, 성적 착취, h) 어느 특정 정치, 인종, 민족(국적), 문화, 종교 및 성(性)에 속한 사람들을 박해하는 행위를 포함하고 있다. 로마협약에 따라, 오늘날 조직적이고 광범위한 살인행위는 어떠한 경우라도 용납될 수 없음이 국제적인 공감대로 형성되었음을 볼 수 있다. 더욱이 우리나라의 송상현 서울대 교수가 현재 국제형사재판소 소장을 맡고 있다는 점에서 우리나라도 반인륜적인 범죄의 전형인 살인에 버금가는 사형제(국가적으로 계획하고 집행하고 있기 때문에)의 존치에 대해 심각하게 고민해야 한다.

UN도 지속적으로 사형제의 폐지 내지 억제를 위하여 노력하고 있다. 적지 않은 사람들은 사형제가 살인 등 반인륜적 범죄에 억제효과를 가질 것이라는 막연한 추측을 하고 있다. 이러한 추측을 극복하고 보다 과학적으로 사형제의 범죄억제효과를 규명하기 위해 UN인권위는 1988년과

---

4) 여기서 말하는 반인륜적인범죄는 어느 정부가 어느 특정 사람들을 조직적이고 광범위하게 공격하는 범죄를 의미한다.

5) 현재 107개국이 가입한 ICC는 구 유고연방과 아프리카 르완다 내전 등을 겪은 국제사회의 각성 속에 1998년 채택된 '로마협약'에 따라 2002년 7월 네덜란드 헤이그에 설립됐다. ICC는 범죄발생 지역이나 범죄인의 국적이 조약 가입국인 경우 자동적으로 관할권을 행사한다.

2002년 두 번에 걸쳐 광범위한 조사를 실시하였는바, 결론은 사형제의 존치가 살인범죄 등의 반인륜적 범죄의 억제에 대해 효과가 없음을 밝혀냈다. 또한 UN은 사형제 자체를 완전히 추방할 목적에 근거한 제1단계 조치로 2007년과 2008년 두 번에 걸쳐 사형집행에 대한 보류의 해를 선포하고, 사형집행을 제지하려는 데에 노력하였다. 국제엠네스티도 사형에 관한 이러한 UN 총회결의안이 존치국가들에게 사형제 폐지를 촉구하는 가장 효과적인 방안으로 보고, 이런 방안이 지속적인 효과를 희망하고 기대하고 있다. 이 때문에 2010년도 후반기에 UN 총회의 제3위원회에서 다시금 사형집행에 관한 모라토리엄(the global moratorium)을 고려하고 있는 실정이다.

이러한 지속적인 노력에 의해 전세계적으로 사형폐지국가들이 최근 들어서도 갈수록 늘어나고 있으며, 사형제도 존치국가일지라도 아예 사형 자체를 선고하지 않은 국가도 일부 존재하고 있으며, 사형의 집행은 더욱 신중해졌음은 말할 필요도 없음이 오늘날의 추세이다.

2. 사형제도 폐지의 세계적 추세

지난 1996년의 헌법재판소가 사형제에 대한 합헌결정을 할 때, 당시 법률상 내지 사실상 사형제가 폐지된 국가는 고작 63개국[6]에 불과하였다.

---

6) 1996년도의 법률상 또는 사실상 사형폐지국가: 1. 그리스 2. 네덜란드 3. 노르웨이 4. 뉴질랜드 5. 니제르 6. 니카라과 7. 덴마크 8. 도미니카 9. 독일 10. 룩셈브르크 11. 리히텐슈타인 12. 마다가스칼 13. 말디부스 14. 말타 15. 멕시코 16. 모나코 17. 몽세라 18. 바레인 19. 바티칸 20. 버뮤다 21. 베네수엘라 22. 벨기에 23. 볼리비아 24. 부탄 25. 불란서 26. 브라질 27. 브루네이 28. 사오톰 29. 산마리노 30. 세네갈 31. 세이셸 32. 스리랑카 33. 스웨덴 34. 스위스 35. 스페인 36. 아르헨티나 37. 아일랜드 38. 아이슬란드 39. 아이티 40. 안도라 41. 앙골라 42. 에콰도르 43. 엘살바도르 44. 영국 45. 오스트레일리아 46. 오스트리아 47. 온두라스 48. 우루과이 49. 이스라엘 50. 이탈리아 51. 카이먼순도 52. 캐나다 53. 케이프버드 54. 코스타리카 56. 키프러스 57. 파라과이 58. 파푸아

2010년 4월 현재 전세계 197개국 중에서 139개국이 사형제를 법률상 내지 사실상 폐지하고 있어 1996년 이후 현재까지 약 14년 동안 무려 76개국이 사형제를 법률상 내지 사실상 폐지하였다.

　2009년도에 사형을 집행하였던 국가는 전세계적으로 불과 18개국에 지나지 않았다.[7)8)] 그러니까 전세계 197개국 중에서 18개국을 제외한 179개국이 사형집행을 하지 아니하였으며, 집행하고 있는 국가들도 중국과 이란, 이라크, 사우디아라비아 및 예멘 등 5개국[9)]이 사형집행의 90% 이상을 차지하였다. 2009년의 경우 사형을 선고하였던 국가는 총 56개국[10)]이며, 이는 전

　뉴기니 55. 콜럼비아 59. 페루 60. 포르투갈 61. 피지 62. 핀란드 63. 필리핀.
7) Bangladesh(3), Botswana(1), China(+), Egypt(적어도 5), Iran(적어도 388), Iraq(적어도 120), Japan(7), Libya(적어도 4), Malaysia(+), North Korea(+), Saudi Arabia(적어도 69), Singapore(1), Sudan(적어도 9), Syria(적어도 8), Thailand(2), USA(52), Viet Nam(적어도 9), Yemen(적어도 30).
8) 사형집행방법에 관해서는 다음과 같다. 2009년도에 실행한 사형집행방식: 교살방식(Bangladesh, Botswana, Egypt, Iran, Iraq, Japan, North Korea, Malaysia, Singapore, Sudan, Syria). 총살방식(China, Libya, Syria, Viet Nam, Yemen). 목을 자르는 방식(Saudi Arabia). 돌로 쳐 죽이는 방식(Iran). 電氣에 의한 집행방식(USA). 독극물에 의한 주사방식(China, Thailand and USA).
9) 사형이 집행된 숫자를 국가별로 살펴보면, 중국이 압도적으로 많고, 그 뒤를 이어 이란(338명), 이라크(적어도 120명), 사우디아라비아(적어도 69명), 미국(52명), 예멘(적어도 30명) 등 전체의 90% 이상을 차지한다.
10) 2009년에는 56개국에서 적어도 2001명에 대해 사형이 선고되었다: Afghanistan(적어도 133), Algeria(적어도 100), Bahamas(적어도 2), Bangladesh(적어도 64), Belarus(2), Benin(적어도 5), Botswana(2), Burkina Faso(적어도 6), Chad(+), China(+), Democratic Republic of Congo(+), Egypt(적어도 269), Ethiopia(적어도 11), Gambia(적어도 1), Ghana(적어도 7), Guyana(3), India(적어도 50), Indonesia(1), Iran (+), Iraq(적어도 366), Jamaica(2), Japan(34), Jordan(적어도 12), Kenya(+), Kuwait(적어도 3), Liberia(3), Libya(+), Malaysia(적어도 68), Mali(적어도 10), Mauritania(적어도 1), Morocco/Western Sahara(13), Myanmar(적어도 2), Nigeria(58), North Korea(+), Pakistan(276), Palestinian Authority(17), Qatar(적어도 3), Saudi Arabia(적어도 11), Sierra Leone(적어도 1), Singapore(적어도 6), Somalia(12), South Korea(적어도 5), Sri Lanka(108), Sudan(적어도 60), Syria(적어도 7), Taiwan(7), Tanzania(+), Thailand(+), Trinidad and Tobago(적어도

세계 197개국 중에서 28%에 해당하는 수치이지만, 사형의 집행까지 이루어지는 경우는 18개국이란 점에서 전세계 국가의 8%에 불과한 실정이다.

그리고 최근 들어 매년 2~3개국이 사형제를 폐지하고 있는 실정이다. 2009년만 하더라도 Brundi와 Togo가 법률상 전면적으로 폐지하였으며, 러시아의 헌법재판소는 사형집행의 유보를 결정했으며, 러시아국회에 대해 입법에 의한 사형제도 폐지를 권고했었다.

사형제에 관한 이러한 세계적 추세를 감안할 때 앞으로 20여년이 지나면, 중국, 미국, 일본 등 인구가 1억명이 넘는 일부 국가와 사우디아라비아, 이란, 이라크, 이집트, 쿠웨이트 등 회교도의 일부 국가 및 북한, 베트남 같은 공산국가 등 지극히 제한된 국가에서만이 사형제도의 존치와 그 집행이 계속될 것으로 기대된다.

3. EU와 범죄인인도조약에 따른 사형제의 폐지필요성

EU는 유럽인권협약에 근거하여 유럽평의회(Council of Europe)와의 범죄인인도조약을 체결한 국가가 사형제를 존치하고 있을 경우에는 EU에서 인도된 범인에 대해 사형집행을 할 수 없도록 하고 있다. 그 결과 우리 정부가 유럽평의회와 범죄인인조약을 최근 체결[11]하면서 불가피하게 EU에서 우리나라에 인도된 범죄인에 대해 어떠한 경우이든 사형집행을 할 수 없도록 하였다.[12] 이에 따라 유럽평의회와 우리 정부가 체결한 범죄인인도

---

11), Tunisia(적어도 2), Uganda(+), United Arab Emirates(적어도 3), USA(적어도 105), Viet Nam(적어도 59), Yemen(적어도 53), Zimbabwe(적어도 7).

11) 우리나라는 유럽평의회(Council of Europe)와 범죄인인도협약을 하였지만, 이 조약은 국회에서 통과되어야만 정식 가입 및 효력을 발생하게 된다. 정부는 가입 비준동의안을 2009년 11월 4일 의안번호 6441호로 국회에 제출한 상태이다.

12) 유럽평의회와의 범죄인인도조약(안) 제11조(사형): "인도 청구된 범죄가 청구국의 법에 의해서 사형으로 처벌될 수 있는 범죄나 그러한 범죄에 관하여 피청구국의 법에 의하여서는 사형으로 처벌되지 않거나 일반적으로 집행되

조약이 우리의 국회를 통과할 경우 우리나라는 EU에서 인도된 반인륜적 살인범이라 할지라도 사형집행이 불가능하게 되었다. 그런데 우리 헌법 제11조 제1항은 다음과 같은 평등권을 천명하고 있다. 즉 "모든 국민은 법 앞에 평등하다." 이러한 헌법정신에 투철하려면 범인이 어느 지역에서 범행을 저질렀느냐에 관계없이 공평하게 적용되어야 할 것이다. 왜냐하면 헌법상 평등권은 우리 국민 모두에게 동일하게 적용되어야 하기 때문이다.

그러므로 만일 국내나 일본 등의 국가에서 반인륜적 연쇄살인죄를 범한 한국인이 국내에서 잡혀 사형선고를 받을 경우, 그에 대해서는 사형집행을 할 수 있는 반면, EU에서 잡혀 국내에 이송된 경우 사형을 집행할 수 없다면 이는 헌법상 평등권을 침해할 수 있다.

따라서 유럽평의회와 체결한 범죄인인도조약은 우리의 국회를 통과할 경우 결과적으로 우리 정부가 모든 사형수에 대한 사형집행을 포기한 것으로 평가되어야 마땅하다.

4. 자유형의 극단적 장기화 입법에 따른 사형제의 폐지필요성

한국에서도 이미 제16대 국회에서 정대철 의원의 발의로 155명이라는 과반수의 국회의원이 절대적 종신형을 대안으로 사형제를 폐지하는 법안을 국회 법사위원회에 제출하였으나. 심의되지 않고, 회기종료로 폐기처분되었으며, 제17대 국회에서는 유인태 의원 등 175명의 발의로 역시 절대적 종신형을 대안으로 하는 사형제 폐지법안을 국회에 제출하였었다. 이를 계기로 국회법사위원회에서 사형제의 존치 여부에 관한 공청회가 열리긴 하였지만 찬반의 의견만 확인한 채 방치되고 말았다. 그 결과 회기종료에 의

___
지 않는 경우, 청구국이 피청구국에게 사형이 집행되지 않을 것임을 믿기에 충분한 보증을 제공하지 않는 한 인도청구는 거절될 수 있다."

해 폐기처분 되었다. 다시금 제18대 국회에서는 자유선진당 박선영 의원과 민주당 김부겸 의원 등에 의해 절대적 종신형을 대안으로 하는 사형제도 폐지법안을 국회에 제출한 상태이지만 아직까지 낮잠을 자고 있다.

문제는 최근 연쇄살인범이나 성폭행범이 살인행위까지 감행하는 일들이 자주 야기되고, 이에 관한 국민들의 불안감이 언론매체의 대대적인 보도로 인하여 더욱 확대 재생산되기에 이르자, 국회는 사회방위 차원에서 자꾸만 중형주의로 형벌을 가중하려는 모습을 보이고 있다. 특히 2010년 3월 31일 국회는 징역형의 장기가 종래 15년까지임에도 이를 30년으로 2배나 연장하였을 뿐만 아니라, 형을 가중하는 경우 현행 25년에서 50년으로 연장하였다. 이 법률안은 이미 10월 16일부터 시행되고 있다.

이에 따라 사실상 우리나라의 현행 형벌제도가 근본적으로 흔들려 버렸다. 게다가 현행 사형제를 그대로 방치하고, 무기형까지 방치한 상태에서 징역형의 장기만을 유례없이 장기화한 결과 무기형과 사형제가 거의 유명무실하게 되었다. 이를 극복하기 위해서는 무엇보다 사형제를 폐지하고 그 대안으로 절대적 종신형을 두는 제도개선이 절실히 요구된다.

5. 사형제의 대안으로서 사회방위를 위한 감형 없는 절대적 종신형의 불가피성

오늘날 우리나라에서 사형을 선고하기 위해서는 다음과 같은 요건을 기본적으로 충족해야 한다.[13] 판례에 따르면 첫째로 살인피해자가 2명 이상이

---

13) 대법원 2009.2.26. 선고 2008도9867 판결: "사형은 인간의 생명 자체를 영원히 박탈하는 냉엄한 궁극의 형벌로서 문명국가의 이성적인 사법제도가 상정할 수 있는 극히 예외적인 형벌이라는 점을 감안할 때, 사형의 선고는 범행에 대한 책임의 정도와 형벌의 목적에 비추어 그것이 정당화될 수 있는 특별한 사정이 있다고 누구라도 인정할 만한 객관적인 사정이 분명히 있는 경우에만 허용되어야 하고, 따라서 사형을 선고함에 있어서는 형법 제51조가 규정한

고 피해감정이 용납할 수 없어야 하며, 둘째로 범행동기가 비열하고, 셋째로 범행수단과 방법이 잔인하며 포악하고, 넷째로 범행 후 반성과 가책이 없으며, 다섯째로 재범우려와 사정이 존재해야 함을 명시적으로 요구하고 있다.

1995년 이후 우리나라 대법원에서 사형이 확정된 사례는 해마다 많게는 8명, 적게는 1명이며, 이들 사형이 확정된 사건들은 원칙적으로 위와 같은 요건을 충족하고 있음은 물론이다.

사형의 대안으로 수용할 절대적 종신형의 경우에도 오늘날 대법원 판례에서 요구하고 있는 이와 같은 요건이 충족된 경우에 한하여 절대적 종신형의 선고를 허용하여야 할 것이다.

Ⅲ. 결론

2010년 현재 전세계 197개국 중에서 사형집행 국가는 18개국에 불과하고, 사형선고 국가도 56개국밖에 안 된다. 이것조차도 얼마 지나지 않

사항을 중심으로 한 범인의 연령, 직업과 경력, 성행, 지능, 교육정도, 성장과정, 가족관계, 전과의 유무, 피해자와의 관계, 범행의 동기, 사전계획의 유무, 준비의 정도, 수단과 방법, 잔인하고 포악한 정도, 결과의 중대성, 피해자의 수와 피해감정, 범행 후의 심정과 태도, 반성과 가책의 유무, 피해회복의 정도, 재범의 우려 등 양형의 조건이 되는 모든 사항을 철저히 심리하여 위와 같은 특별한 사정이 있음을 명확하게 밝힌 후 비로소 사형의 선택 여부를 결정하여야 할 것이고, 이를 위하여 법원으로서는 마땅히 기록에 나타난 양형조건들을 평면적으로만 참작하는 것에서 더 나아가, 피고인의 주관적인 양형요소인 성행과 환경, 지능, 재범의 위험성, 개선교화 가능성 등을 심사할 수 있는 객관적인 자료를 확보하여 이를 통하여 사형선택 여부를 심사하여야 할 것은 물론이고, 피고인이 범행을 결의하고 준비하며 실행할 당시를 전후한 피고인의 정신상태나 심리상태의 변화 등에 대하여서도 정신의학이나 심리학 등 관련 분야의 전문적인 의견을 들어 보는 등 깊이 있는 심리를 하여 본 다음에 그 결과를 종합하여 양형에 나아가야 한다(대법원 2003. 6. 13. 선고 2003도924 판결).

으면 반감될 것으로 예상된다. EU에서는 아예 사형제 자체가 이미 극복되었고, 북미와 남미에서도 미국을 제외한 모든 국가들이 2009년도에는 사형을 집행하지 아니하였다. 심지어 공산국가인 쿠바조차 2009년에는 사형집행과 사형선고조차 한 건도 없었다. 아시아에서도 인구 2억 4천만명(2006년 기준)이 넘는 인도네시아와 1억 6천만명(2006년 기준)에 달하는 파키스탄을 비롯하여 몽고와 정국이 극도로 불안한 아프가니스탄조차 2007년 이후 현재까지 사형집행을 전혀 하지 않고 있다. 인구가 많은 인도네시아는 2009년에 사형선고를 1명밖에 하지 않았다. 인구가 상대적으로 적은 우리나라가 5명에 대해 사형 선고한 것에 비하면 매우 이례적이다. 더욱이 인구가 11억 4천 8백만명(2008년 기준)에 달하는 인도조차 2009년에는 아무도 사형을 당하지 아니하였다.[14]

헌법은 기본권의 본질적 침해를 금지하고 있고, 인간존엄의 불가침과 이를 위한 국가의 책무를 천명하고 있다. 이러한 헌법을 가진 국가에서 사형제가 존치하고 있다는 것은 국제적으로 극히 예외적 현상임을 감안할 때, 국회차원에서 절대적 종신형을 대안으로 사형제를 하루빨리 폐지하여야 할 것이다.

이와 같은 관점에서 사형제를 폐지하고, 그 대안으로 감형 없는 절대적 종신형을 수용한다면, 서두에서 시안으로 작성한 개정시안이 우리나라 형법전으로 확정되기를 간절히 바란다.

---

14) http://www.amnesty.org/en/death-penalty/abolitionist-and-retentionist-countries.

형법 개정과 예비·음모죄의 재검토
－총칙상 예비·음모죄의 폐지와 각칙상 예비죄의 정비－

이덕인*

현행 형법	법무부 개정시안(2010)
제28조 (음모, 예비) 범죄의 음모 또는 예비행위가 실행의 착수에 이르지 아니한 때에는 법률에 특별한 규정이 없는 한 벌하지 아니한다.	제30조 (예비, 음모) 범죄를 예비 또는 음모하고 실행에 착수하지 않은 때에는 법률에 특별한 규정이 없는 한 벌하지 않는다.

Ⅰ. 문제의 제기

2007년부터 법무부와 형사법학회를 중심으로 진행되어 온 형법개정과 관련된 준비 작업이 드디어 그 골격을 드러내게 되었다. 개정안과 개정시안은 모두 학계를 대표하는 중진학자들의 거듭된 논의의 결과로 21

* 부산정보대학 경찰경호계열 교수, 법학박사

세기 한국 사회를 규율하는 형사기본법(안)의 위용을 나타내게 되었다는 점에서 형사법을 전공하는 학자의 한 사람으로서 자긍심을 느끼게 된다. 그러나 2010년 10월 25일자로 입법 예고된 법무부의 형법일부개정법률안과 개정연구회의 시안(2008) 가운데 몇몇 부분에서는 향후로도 깊은 논의와 재검토가 필요해 보인다. 그 가운데 하나로 지목되는 것이 형법상 예비·음모죄에 대한 문제이다. 특히 이들 논의과정에서 예비·음모죄 규정을 총칙상 규정하는 것에 대한 근본적인 문제제기가 없었다는 사실은 아쉬움을 떠나 우려스러움을 금할 수 없게 한다.

개인의견 및 제안이유

○ 현행 형법 제28조(음모, 예비)는 삭제해야 함.

○ 비교법적으로 입법례상 총칙에 예비·음모규정을 두고 있는 국가로는 우리나라를 제외하면 중국에 불과함(중국의 경우 총칙상 규정을 둔 이유는 각칙의 모든 기본범죄의 예비행위를 처벌하기 위한 입법기술에 해당함).

○ 총칙상 규정을 둘 경우 향후 각칙 및 형사특별법의 제정·개정에서 무분별한 예비·음모죄를 양산할 우려가 있음.

○ 형법총칙은 예외를 원칙으로 선언하는 규범이 아니라 원칙만을 규정해야 하는 형사기본규범이기 때문에 예외에 대한 언급은 가급적 회피되어야 함(특정범죄의 예비행위에 대한 처벌의 필요성이 있는 경우에는 각칙에서 이에 대한 구성요건을 구체화하여 처벌하는 것으로 그 목적을 충분히 달성할 수 있음).

형법에서 말하는 예비·음모는 특정 범죄를 저지르기 위한 준비상황을 뜻한다. 그런데 이러한 준비행위는 내부적으로 은밀하게 전개되고, 외부적으로도 일상적 생활태도와 결정적 차이를 구별하기 어려울 뿐 아니라 형법상 처벌되는 법익침해와도 상당히 동떨어져 있다. 따라서 범죄 실현의 준비행위가 외적으로 발현되어 아직 실행과정에 도달하지 아니한 경우이기에 범죄를 결의한 후 그 내심의 의사가 외부로 표출되지 않는 한

이를 범죄행위로 볼 수는 없는 일이다. 그러나 우리 형법은 예비는 물론 단순한 음모까지도 처벌하고 있는데, 음모는 행위자가 내부적으로 범죄를 모의하는 약속에 불과하기 때문에 전형적인 심정형법조항에 해당한다는 점에서 처벌의 정당성에 논란이 제기된다.[1] 즉 범죄의 음모란 범죄를 실행하려는 의사의 교환단계에 불과하고, 범죄 실행이 포착되는 범죄준비단계는 아니다. 바로 이러한 이유에서 오늘날 비교법상 음모행위만을 독자적으로 처벌하는 국가는 거의 없다.[2] 아울러 예비행위에 대한 처벌에 있어서도 형법제정 당시와는 근본적 측면에서 이를 다시 검토해야 할 필요성이 강하게 부각되고 있다. 따라서 본고에서는 우리 형법상 예비·음모죄의 실태를 재조명해 보고, 본격적으로 국회를 통해 형법개정이 진행되는 과정에서 이에 대한 비판적 성찰과 합리적 조정이 전개될 수 있도록 하기 위한 단서를 제시하고자 한다.

---

1) 특히 전체주의적 심정형법의 문제점에 대해서는 한인섭, 한국형사법과 법의 지배, 한울, 1998., 56면 이하 참조.

2) 그런데 일각에서는 미국 모범형법전 제50조(Section 5.03) 음모죄규정을 들어 음모죄 처벌의 정당성을 구명하려고 한다. 즉 제50조 제1항은 다음과 같이 음모의 정의를 규정하고 있다. 음모의 죄는 범죄를 조장하거나 촉진할 목적을 가져야 하고 범죄행위나 범죄를 저지를 교사행위에 가담할 타인과 합의하거나 합의하였다고 믿는 경우에 행위자의 그것과 같게 평가된다. 그것은 또한 타인들과 범죄의 행위나 계획하는 타인과의 합의나 미수 혹은 범죄에 대한 교사행위가 있으면 충분하다. 범의의 요건은 결과나 음모의 목적인 범죄의 행위요소로 확장되는 것을 의미한다. 그러나 어찌 되었든 범죄의 상황요소에 대한 확장은 법원에 의한 해석의 여지를 남겨두었음을 의미한다. 다만, 범의에는 타락한 동기나 범행 목적의 불법에 대한 인지는 포함되지 않는다. 그러나 미국에서 처벌되는 음모행위와 우리나라의 형법상 음모는 그 의미가 완전히 일치하는 것은 아니다. 또한 오스트리아형법상 규정된 음모죄들은 단순히 다른 사람과의 범행약속에만 그치지 않고, 범죄의 윤곽이 구체화되어 외부적으로 범행실현의 준비행위로 파악될 수 있어야 한다는 점에서 그 언어적 표현에도 불구하고 예비죄적 성격이 강하다.

II. 형법상 예비·음모죄의 실태

1. 입법연혁과 개정 논의

1) 제정당시

(1) 총칙 규정

1951년 형법정부초안 제28조는 음모 또는 예비행위가 행위의 착수에 이르지 않는 때에는 법의 특별한 규정이 없는 한 벌하지 않는다고 규정하였고, 이 초안은 이후 본회의 심의과정에서 별다른 반론 없이 단순 자구수정을 거쳐 1953년 통과되어 현재에 이르고 있다.3) 그런데 제정형법이 시행되기 이전까지 일제시대부터 조선형사령에 의해 통용되던 (구)형법총칙과 우리 제정형법이 지대한 영향을 받은 것으로 평가되는 일본개정형법가안(1940)에서도 총칙상 예비·음모에 관한 규정은 발견되지 않는다.4) 아울러 이 규정은 구한말 최초의 형법전으로 평가되는 1905년 형법대전(刑法大全)은 물론이고 조선왕조를 규율하던 대명률(大明律)에서조차 그 유래를 찾아볼 수 없는 독특한 입법형식이라고 할 수 있다.

다만 일본 (구)형법[太政官布告 제36호(1880)]에서 제정형법과 유사한 총칙상 예비·음모죄의 외관을 발견할 수 있다.5) 이와 관련하여 일본의 형

---

3) 제16회 국회임시회의속기록 제10호(1953. 6. 26).
4) 오영근, "일본개정형법가안이 제정형법에 미친 영향과 현행 형법해석론의 문제점", 『형사법연구』 제20호. 2003., 113면.
5) 즉, 일본 (구)형법인 태정관포고 제36호 제1편 총칙 제9장 미수범죄 제111조는 "죄를 범할 것을 계획 또는 그 예비를 하더라도 아직 그것을 행하지 아니한 자는 본조별로 형명이 기재되지 아니하면 그 형이 부과되지 아니한다."라고 규정하고 있다.

법사를 개관해 볼 필요가 있는데 근세적인 의미에서 일본의 최초 형법전인 에도막부의 어정서백개조(御定書百箇條) 제63조에서 단순한 악의의 표시(음모)를 처벌하는 규정이 있었고, 나아가 오늘날의 예비행위를 처벌하는 규정이 제65조에서 구체적으로 나타난다.[6] 그러나 게이오(慶応) 4년인 1868년 2월에 잠정적으로 제정된 형법인 일본가형률(日本仮刑律)에서는 총칙상 이러한 일반적 규정이 나타나지 않고 다만 각칙에서 개별적으로 예비·음모를 규정하고 있다. 그런데 가형률에서 예비·음모를 처벌하던 모반대역(謀反大逆)의 조문은 신률강령(新律綱領)[7]과 개정율례[8]에서는 삭제되어 있다.

일본의 (구)형법 제111조 역시 음모 및 예비행위를 예외적으로 처벌하고 있는데, 이에 대해 보아소나드(Gustave Emile Boissonade de Fontarabie)는 예비행위의 원칙적 불처벌의 이유를 예비행위와 '인간의 삶의 통상적인 행위'에 대한 구별이 증거 채증상 어렵고, 그 배경에는 법관의 전단에 따른 오판의 회피라는 인권상의 배려가 있었기 때문이라고 설명한다. 그러나 국사범(國事犯)에 대해서는 예비행위의 가벌성을 인정할 뿐 아니라 범죄발전단계에서 '결의' 가운데 집합적 결의(음모)와 '음모의 기도'까지 가벌성의 범위를 넓히고 있다.[9] 이렇게 가벌성을 확장하는 이유에 대해 보아소나드는 국사범을 저지르는 결심의 특이성과 공익침해의 중대성을

---

6) 자세한 것은 野村稔, "明治維新以後の刑法制定史と未遂規定", 『早稻田法學會誌』 24号 早稻田大學法學會, 1974., 82~84頁; 특히 어정서백개조의 제정과정에 대해서는 奧野彦六, 定本御定本書の研究, 酒井書店, 1968., 32頁 이하 참조.

7) 메이지 3년인 1871년 2월 16일에 잠정적이었지만, 전국적으로 시행된 형법으로 청률(淸律)의 영향을 받아 구래의 형법보다는 엄벌주의색채를 줄이기는 하였으나 봉건적 색채가 여전히 강력한 형사규범이었다.

8) 메이지 6년인 1873년 6월 13일에 제정된 추가법으로서 구미의 근대 형법의 영향을 받았고, 형벌을 간략화하여 잔혹한 형을 폐지하였다. 일본의 형사법령에서 최초로 구성요건에 관한 규정이 마련된 것으로 평가된다.

9) 보아소나드는 범죄의 발달단계를 관념, 기도, 결의, 예비행위, 실행착수, 실행미수, 기수의 7단계로 파악하고 있다.

거론한다.10) 우리 제정형법의 입법자들은 상당부분 절충주의를 표방하는 보아소나드의 영향을 받은 것으로 판단된다. 특히 각칙의 기초를 주도한 엄상섭의 경우 절충주의적 형법관을 가진 보아소나드형법에 기본 뿌리를 두고 있는 1908년 일본형법의 영향을 적지 않게 받았다는 지적이 있고,11) 총칙 기초에 있어서 1949년 3월, 그 소임을 맡은 양원일의 사망으로 인하여 이를 승계한 김병로선생 역시 일제시대인 1915년 12월부터 1916년 6월에 걸쳐 '법학계'라는 잡지에 "범죄구성의 요건되는 위법성을 논함"이라는 연재논문에서 비교법적으로 참조한 법률 가운데 일본 (구)형법을 거론한 바 있으며, 이 논문은 우리나라 형법전의 총칙조문에 이론적 토대를 제공한 것으로 여겨지기 때문에 이러한 추정이 가능하다.12)

그런데 이러한 추정만으로는 왜 우리 제정형법의 입법자들이 총칙상 예비·음모규정을 설계하게 되었는지를 구체적으로 규명할 수 없고, 그 사적 배경은 여전히 의문으로 남는다. 이에 대해서는 명백한 해답을 찾을 수 없으나, 다만 입법과정에서 (구)형법의 체계를 그대로 답습할 수 없는 상황적 배경-조선형사령으로부터의 조속한 탈피-과 함께 충분한 시간과 노력을 기울여 여러 나라의 형법규정을 비교법적으로 검토할 시간적 여유가 부족하였던 현실적 한계가 있었을 것이다.13) 아울러 형법전에 대한

---

10) 허일태 외(편)·吉川經夫, 형법이론사의 종합적 연구, 동아대학교 출판부, 2009., 26~27면 ; 보아소나드가 일본 (구)형법총칙에 끼친 영향에 대하여 자세한 것은 Shigemitsu Dando, The Criminal Law of Japan: the General Part, Wm. S. Hein Publishing, 1997., pp.20 이하 참조.

11) 허일태, "제정형법의 기본사상과 기초이론", 『형사법연구』 제20호, 2003., 67면.

12) 신동운, "가인 김병로 선생의 범죄론체계와 한국형법의 총칙규정", 『서울대학교 법학』 제49권 제1호, 2008., 4면.

13) 그런데 미군정 하의 법제편찬위원회 시기로부터 건국 후의 법전편찬위원회 초기에 이르기까지 형법초안을 위한 외국 입법례의 수집작업이 활발하게 진행된 흔적은 있다. 즉, 당시 '법무부 조사국'의 명의로 1948년 12월에 각국 형법전 및 형법초안이 5권의 책자로 번역되었다. 이렇게 번역된 입법례는 (1) 중국형법전, (2) 만주형법전, (3) 소련형법전, (4) 일본개정형법가안(이상 법무자료 제5집), (5) 독일형법전, (6) 독일형법 1930년 초안, (7) 브라질형법전(이상

급박한 입법의 필요성이 맞물리면서 당시 식민지배체제 아래 법학교육을 받았던 형사입법자들이 손쉽게 선택할 수 있는 대안은 일본개정형법가안 (1940)과 보아소나드의 (구)형법전을 참조하는 일이었을 것이라고 추론할 수 있을 따름이다.[14)]

(2) 각칙 규정

그러나 총칙에서와는 달리 각칙상 예비·음모 규정의 입법 논의에 있어서는 원안에 대해 반대의견이 개진된 바 있다. 폭발물 사용의 예비·음모행위를 처벌하고 있는 현행 형법 제120조 규정에 대해 변진갑 의원의 수정안은 제1항 가운데 '음모 또는'과 제2항 전부를 삭제하자는 것이었다. 변 의원이 "음모라는 것은 보이지 않는 것을, 사실이 나타나지 않은 것을 어떻게 구별할 수 있느냐, 다만 내란죄라든지 방화죄 같은 음모는 순식간에 하는 것이 아니고 몇 달, 몇 년 걸리기 때문에 그 음모를 구별하는 것은 지극히 어려울 뿐만 아니라, 만일 이것을 인정한다고 하면 일반 국민이 안심하고 행동할 수 없는 결과를 초래할 것입니다. 그런고로 이런 것은 결국 인권을 유린할 우려가 있으므로 이런 것을 삭제하자"라고 의견을 개진하자 엄 의원은 "음모라든지 선동이라든지 그런 종류의 죄는 국가적으로 볼 때에 둘 필요가 있는데, 이것이 일반 국민의 자유권을 해할 수 있다, 그러니 이것을 조절하는 데에는 이 다음에 나오는 형사소송법을 정

법무자료 제6집), (8) 프랑스형법전, (9) 인도형법전(이상 법무자료 제7집), (10) 이태리형법전, (11) 체코슬로바키아형법전(이상 법무자료 제8집), (12) 스위스형법전, (13) 스페인형법전(이상 법무자료 제9집) 등이다. 이들 책자의 간행시점이 1948년 12월로 기재되어 있는 것을 보면 그 번역자료는 이미 법제편찬위원회의 형법요강 작성과정 및 그 이후에 진행된 법전편찬위원회의 심의과정에서 상당히 참조되었을 것으로 보인다. 신동운, "제정형법의 성립경위", 『형사법연구』 제20호, 2003., 21면.

14) 그러나 이것은 순전히 필자의 주관적 추론에 불과한 것으로서 관련되는 연구를 통해 필자의 추측이 하나의 가설에 지나지 않을 수 있다는 점을 밝혀 둔다.

할 때에 수사, 재판하는 방법에 대해서 엄격한 조건을 붙여야 될 것"이라고 하면서 "형법이라는 실체법을 운영하기 전부터 이런 것을 다 빼내버렸다가 우리가 우리의 국가를 존속시키고 가는 방향에 있어서 만일의 사태가 일시라도 있어서는 안 되겠다고 하는 것입니다."라고 반론한다.

이에 대해 다시 변 의원은 형사소송법으로 그 폐단을 구제하기보다 형법전 자체에서 이 문제를 삭제하여 처리하고 이 다음에 필요가 있다면 그때 입법해도 늦지 않다고 재반론한다. 첨예한 의견대립으로 처음에는 원안과 변진갑의원의 수정안 모두 과반득표를 얻지 못하여 미결되었으나 엄상섭 의원은 "현행 폭발물취제법규에서도 음모를 처벌하고 있습니다. 「음모」란 현행법에도 규정이 있고, 중요한 법에는 예비나 음모를 규정하고 있고, 현행법에는 「통모(通謀)」라는 말로도 규정되어 있습니다. 「통모」라는 말은 「음모」라는 말과 똑같습니다. 더군다나 새 형법에는 이것을 「음모」라고 통일하고 있습니다. 폭발물에 대한 음모는 현행법에서 처벌 않는다고 해서는 말이 되지 않습니다. 형법에 규정된 것만으로도 인권유린 방지에 완벽을 기할 수 없고, 형사소송법으로 구제한다는 것도 고려해야 할 것이에요. 형법에 규정한 모든 조문을 형사소송법에서 이 점에 관해서 엄밀하게 정하지 않다가는 상당히 인권침해가 되는 것입니다. 특별히 「음모」라는 것은 그러합니다. 만일 「음모」나 그런 것들을 인권이 침해된다고 해서 없애버린다면 우선 국가보안법부터 없애버려야 됩니다."라고 하여 동료 의원들을 설득한 후 재표결에 의해 원안이 가결되었다.15)16)

---

15) 제16회 국회임시회의속기록 제14호 (1953. 7. 1).

16) 이에 앞서 변진갑 의원은 내란죄 규정에 대한 심의과정에서 표결 전에 예비·음모·선전·선동행위의 다의적 해석으로 인하여 이를 악용할 경우 인권유린의 우려가 있다고 하여 범죄화에 반대하였다. 그러나 당시 법제사법위원장대리를 맡고 있던 엄상섭 의원은 "음모는 뿌리까지 못 들어가는 수가 많습니다. 선전, 선동단계에서 처벌해 두어야지, 우리 인간의 수사능력에 대해서 다소간의 불편점을 전제로 하는 말인데, 뿌리가 있는데 잎사귀 나오는 것을 자르는 정도입니다. 잎사귀를 자르는 동안에는 뿌리도 알 수 있고, 또한 뿌리가

2) 1992년 개정 논의

이후로 총 8차례 형법개정을 거치는 과정에서 예비·음모규정이 제대로 검토된 사실은 없었다. 다만 1992년 법무부 형법개정안은 이를 제29조에 위치시키면서 예비와 음모의 순서만 바꾸어 놓았다. 즉 '범죄의 음모 또는 예비행위가 실행의 착수에 이르지 아니한 때에는'을 '범죄를 예비 또는 음모하고 실행에 착수하지 아니한 때에는'으로 변경한 것이다. 자구 변경의 이유에 대하여는 표현을 쉽게 하고 각칙에서 예비·음모의 순으로 규정되어 있는 것을 고려하였기 때문이라고 한다.[17] 한편, 1991년 형사법학회 개정시안 역시 법무부 형법개정법률안과 마찬가지로 조문을 제29조에 배치하고, 예비와 음모의 순서를 바꾸어 놓았으나 가벌성을 적극적 형식으로 규정하고 있는 점이 다르다.[18]

저절로 말라지는 수가 있다 그러므로 선동, 선전도 처벌하는 규정을 가져오게 되는 것"이라고 하여 원안을 그대로 가결하게 된다. 제16회 국회임시회의 속기록 제12호(1953. 6. 29); 그러나 변진갑 의원은 일부 선동·선전죄를 비범 죄화하는 공헌을 남겼다. 즉, 범죄선동·선전죄 및 병역·납세거부선동·선전죄에 대한 삭제안은 다른 국회의원들의 지지발언을 거친 후 본회의에서 가결되었다. 그런데 변진갑 의원은 국회의원 개별의견으로 형법초안에 규정된 각종 선동·선전죄를 모두 삭제하자고 수정안을 제안한 바 있었다. 그의 삭제안은 공안을 해하는 죄의 장에서는 성공을 거두었다. 그러나 공안을 해하는 죄의 연장이라고 할 수 있는 폭발물에 관한 죄의 장에 규정된 폭발물사용선동죄(현행 형법 제120조 제2항 참조)의 경우에는 그의 삭제안이 채택되지 아니하였다. 이렇게 하여 국가보안법의 폐지를 염두에 두고 마련된 조문 가운데 내란선동·선전죄, 각종 외환죄의 선동·선전죄, 폭발물사용선동죄가 현행 형법전에 그대로 규정되기에 이르렀다.

17) 법무부, 형법개정법률안 제안이유서, 1992., 41~42면.
18) 김재봉·류전철·이천현, "미수범분야 개정방향", 『형사법연구』 제21권 제1호, 2009., 134~138면.

3) 최근의 논의 동향

현재 형법의 전면개정을 염두에 두고 진행된 형법개정연구회의 개정시안(2008)과 형법개정안 검토위원회의 개정시안(2010)에서는 현행 형법 제28조를 제1항과 제2항으로 나누어 규정하고 있다. 즉, 기존과 같이 예비·음모의 구성요건은 제28조 제1항에 두되 표현방식을 적극적으로 변경하고, 제2항을 신설하여 예비 또는 음모한 자가 자의로 실행의 착수를 포기한 때에는 형을 감경 또는 면제하도록 한 것이다. 그러나 정부안으로 입법예고된 법무부 개정안(2010)은 1992년 법무부개정안과 같이 동일한 내용으로 예비·음모를 규정하면서 자구의 표현방식만을 수정했을 따름이다. 향후 본격적으로 개정 검토과정이 진행될 경우 법무부의 개정안과 형법개정연구회의 개정시안을 두고 형사입법자를 어떻게 설득할 것인지는 당면한 과제로 여겨진다.

제정형법 정부초안(1951)	현행 형법(1953-현재)
제28조 (음모, 예비) 범죄의 음모 또는 예비행위가 실행에 착수하지 않은 때에는 법률에 특별한 규정이 없는 한 벌하지 <u>않는다.</u>	제28조 (음모, 예비) 범죄의 음모 또는 예비행위가 실행의 착수에 이르지 아니한 때에는 법률에 특별한 규정이 없는 한 벌하지 아니한다.

형사법학회 개정시안(1991)	법무부 형법개정안(1992)
제29조 (예비, 음모) 범죄의 <u>예비 또는 음모행위가</u> 실행의 착수에 이르지 아니한 때에는 <u>법률에 특별한 규정이 있는 경우에 한하여 처벌한다.</u>	제29조 (예비, 음모) 범죄의 <u>예비 또는 음모행위가</u> 실행의 착수에 이르지 아니한 때에는 법률에 특별한 규정이 없는 한 벌하지 아니한다.

형법 개정연구회 개정시안(2008)	형법개정안 검토위원회 개정시안(2010)
제28조 (예비, 음모) ① 범죄를 예비 또는 음모하고 실행의 착수에 이르지 아니한 때에는 법률에 특별한 규정이 있는 경우에 한하여 처벌한다. ② 범죄를 예비 또는 음모한 자가 자의로 실행의 착수를 포기한 때에는 형을 감경 또는 면제한다.	제28조 (예비, 음모) ① 범죄를 예비 또는 음모하고 실행의 착수에 이르지 아니한 때에는 법률에 특별한 규정이 있는 경우에 한하여 처벌한다. ② 범죄를 예비 또는 음모한 자가 자의로 실행의 착수를 포기한 때에는 형을 감경 또는 면제한다.

법무부 형사법개정 특별심의위원회 개정시안(2010)
제30조 (예비, 음모) 범죄를 예비 또는 음모하고 실행에 착수하지 않은 때에는 법률에 특별한 규정이 없는 한 벌하지 않는다.

4) 비판적 검토

전체적으로 볼 때 형법개정과 관련하여 예비·음모죄의 문제는 그 비중이 그다지 크지 않고 대체로 현상을 유지하려는 태도가 학계의 다수 견해로 보인다. 그런데 음모죄의 입법적 보완과 예비죄의 구성요건에 관하여 예비행위의 대상이나 방법, 정도 등에 관하여 구체적으로 규정할 필요가 있다는 지적이 있다. 아울러 형법 제28조에서 일반적 요건으로서의 '위험성'을 더 요구함으로써 경미한 예비행위는 처벌대상에서 배제해야 한다는 주장도 제기된 바 있다.[19] 그러나 형법의 전면 개정을 준비하는 과정에서 제정형법의 입법배경을 주의 깊게 살펴보는 노력이 개정안을 제시하는 학계나 앞으로 법개정의 주체가 되는 형사입법자 모두에게 요구된다고 할 것이다.

---

19) 정영일, "현행 미수범규정체계에 관한 입법론적 검토",『형사법연구』제19권 제3호, 2007., 541면.

특히 예비·음모조항을 형법총칙에 두게 된 배경과 관련하여 사상통제형 형사특별법인 국가보안법의 실체를 검토해 볼 필요가 있다. 우리 형법의 제정은 순탄하지 아니한 국가적 위기상황 아래 전개되었고, 형사기본법으로서의 형법 이전에 전환기 한국 사회를 실질적으로 규제하였던 형사규범의 하나가 국가보안법이었다.[20] 형법을 제정한 것은 2대 국회였고, 국가보안법은 제헌국회에 의해 당시의 혼란상황에 대응하기 위해 입법된 것이지만 이 법률과 형법의 관계는 오늘날에도 여전히 쌍곡선을 이루며 우리 사회의 다양한 논란의 접점에 위치하고 있다는 점에서 논의의 실익이 있을 것이다. 주지하는 바와 같이 1948년 제정된 국가보안법은 여순사건으로 인한 좌익세력의 폭동과 내란행위를 처단하려는 목적에 의거하여 탄생하였다. 원래 이 법률은 일제시대 조선반도를 규율하던 일본의 다이쇼(大正) 치안유지법(1925)으로부터 발원한 사상형법으로서 행위형벌로 출발하였으나 그 귀착은 심정형법이었으며, 범죄에 대한 사후적 처벌법이었던 것이 행위 이전과 처벌 이후에도 예방구금 및 보호관찰이 가능하도록 되어 있었다.[21]

1949년, 법전편찬위원회의 형법초안과 1951년 제출된 형법정부초안에는 국가보안법에 관한 언급은 없었다. 그러나 1952년 국회 법제사법위원회가 본회의에 제출한 형법초안 수정안에는 이 법률을 폐지대상의 하나로 명시하고 있다. 이것은 당시 형법전의 편찬위원장을 맡고 있던 김병로 선생의 발언을 통하여 알 수 있는 부분이다. 여기서 김병로 선생은 전시상황에서 국가보안법이나 비상조치령을 폐지할 경우 국가안보에 허점이 생기지는 않겠는가 하는 의문과 불안감에 대하여 새로이 제정되는 형법전이 이들 임시법의 기능을 충분히 수행해 낼 수 있다는 점을 확인하고

---

20) 국가보안법의 제정배경에 대해서는 박원순, 국가보안법연구1: 국가보안법변천사(증보판), 역사비평사, 2004., 71면 이하 참조.
21) 한인섭, "치안유지법과 식민지통제법령의 전개", 한국법사학논총: 박병호교수환갑기념논문집, 433~434면.

있다.22) 더불어 형법초안에 대한 막바지 축조심의에서는 국가보안법이 형법전에 의하여 흡수 폐지될 것이라는 입법구상이 구체적으로 거론되고 있다.23)

　당시 형사입법자들의 의도가 직접적으로 국가보안법을 폐지하고 형법으로의 대체가 충분히 가능하다는 사실을 언급하고 있다는 점은 국가보안법의 완전한 포기가 아니라 형법전에의 편입을 의미하는 것이다. 이에 대한 근거는 국가적 법익과 관련된 내란의 죄와 외환의 죄 및 사회적 법익에서 문제되는 특정범죄의 예비·음모를 규율하고 있는 현행 형법규정을 통하여 확인할 수 있는 부분이다. 그런데 각칙에서 모든 안보위협 상황을 규율할 수 없다는 현실적 한계는 충분히 총칙상의 일반규정을 필요로 하였을 것이라는 추론을 가능하게 한다. 이에 대하여 형법 제28조의 규정은 원칙적인 처벌이 아닌 예외적 처벌을 규정한 것이라는 반론이 제기될 수 있을 것이다. 그러나 형법 제28조의 조문형식을 반대해석하면 다른 결론에 도달하게 된다. 즉, 범죄의 음모 또는 예비행위가 실행에 착수하지 않은 때에는 법률에 특별한 규정이 없는 한 처벌하지 않는다는 것은 법률에 특별한 규정을 둔다면 처벌이 가능하다는 의미와 동일한 것이 되어 버린다. 따라서 형법총칙상 예비·음모규정이 존재하는 한 형사정책적 필요성에 따라 각칙의 기본범죄에 대해서는 물론이고, 다양한 형사특별법에서 예비·음모를 규정할 수 있는 법적 근거가 제공되는 것이다.

---

22) 제15회 국회정기회의속기록 제15호(1953. 4. 26).
23) 제16회 국회임시회의속기록 제19호(1953. 7. 8).

2. 현실과 쟁점

2) 학설과 판례

학계에서는 예비와 음모를 법조문의 형식상 서로 구별되는 개념으로 이해하며, 형법과 형사특별법상 음모죄만을 별도로 처벌하고 있으므로 구별의 실익이 있다는 견해가 있기도 한 반면,[24] 이와는 반대로 구별 실익을 부정하는 견해도 있다.[25] 다수설의 방향은 음모란 인적·심리적 준비행위이고 예비는 그 이외의 물적 준비행위로서 시간적 선후관계는 없다고 한다.

판례는 음모를 예비에 선행하는 범죄발전의 한 단계라고 파악하고 있으며,[26] 예비·음모죄가 성립하기 위해서는 예비·음모 행위자에게 미필적으로라도 기본범죄를 저지를 목적이 인정되어야 하고,[27] 또한 기본범죄를 범할 목적 외에도 기본범죄의 준비에 관한 고의가 있어야 하며, 나아가 실행의 착수까지에는 이르지 아니하는 기본범죄의 실현을 위한 준비행위가 있어야 한다고 판시한 바 있다. 그런데 여기서의 준비행위는 물적인 것에 한정되지 아니하며 특별한 정형이 있는 것도 아니지만, 단순히 범행의 의사 또는 계획만으로는 그것이 있다고 할 수 없고 객관적으로 보아서 기본범죄의 실현에 실질적으로 기여할 수 있는 외적 행위를 필요로 한다는 것이다.[28]

---

24) 이영란, 형법학 총론강의, 형설출판사, 2008., 389면; 오영근, 형법총론, 대명출판사, 2002., 538면.
25) 임웅, 형법총론, 법문사, 2004., 341면.
26) 대법원 1986. 6. 24. 선고., 86도437판결.
27) 대법원 2006. 9. 14. 선고., 2004도6432판결.
28) 대법원 2009. 10. 29. 선고., 2009도7150판결.

2) 문제점

(1) 음모죄

형법상 음모는 범죄를 실행하기 위한 심적 준비행위를 말하며, 범죄 실현의 단계상 예비에 선행하는 것이 일반적이지만 반드시 시간적으로 예비에 앞서는 것은 아니다. 그런데 상대방에게 일방적·단편적으로 범죄 의사를 전달하는 경우나 상호 간에 의사의 교환이 있었다고 하더라도 합의에 다다르지 못한 경우에는 음모가 되지 않는다. 이러한 음모는 범죄실현에 관한 의사의 교환과 합의(의사소통)라는 요소가 핵심이 되며, 범죄실현을 위한 무형적 준비행위로서 특정범죄를 실현하기 위하여 공동의사를 형성하는 것(공동모의)으로서,[29] 실행의 착수에 이르지 않았다는 점에서 위법행위의 정형성을 나타내지는 못한다. 아울러 음모죄에 관한 이론은 물론 판례에서도 그 개념에 대한 상세한 분석이 전무하여 현행 형법의 해석상 죄형법정주의의 사각지대에 놓여 있다.[30]

이론적으로 음모는 단독의 음모도 가능하다고 할 것이지만, 단독의 음모를 형법상 음모에 포함시키게 되면 범죄실현의 첫 번째 단계인 '결심'의 개념과 구분이 어려워지므로, 음모죄는 최소한의 구성요건적 정형성도 갖추지 못하는 것이 되어 버리기 때문에 음모죄의 인정은 신중해야 하며,[31] 판례는 형법상 음모죄가 성립하려면 2인 이상의 자 사이에 성립

---

29) 권오걸, 형법총론, 형설출판사, 2007., 436면.

30) 오늘날 독일 형법에서는 음모개념이 존재하지 아니한다. 그런데 이와 관련하여 이정원 교수는 독일에서 "18세기의 음모이론은 법이념이 아닌 단순한 형사정책적 관점에서 형성된 것"으로 이 개념은 범죄의 공동야기자에 대한 처리를 위해 도입된 것으로 시대변화에 따라 이러한 공동야기자를 정범, 공동정범, 교사자와 방조자 등으로 구체화하면서 음모개념은 독일 형법학에서 자취를 감추게 되었다고 분석하고 있다. 자세한 것은 이정원, "19세기 독일의 음모이론에 대한 논의와 그 변천과정", 이영란교수화갑기념논문집, 2008., 17면 이하 참조.

31) 박이규, "준강도할 목적이 있음에 그치는 경우에도 강도예비 음모죄가 성립

한 범죄실행의 합의가 있어야 하고, 그 합의가 있다고 하려면 단순히 범죄결심을 외부에 표시·전달하는 것만으로는 부족하며, 객관적으로 특정한 범죄의 실행을 위한 준비행위라는 것이 명백히 인식되고, 그 합의에 실질적인 위험성이 인정되어야 한다고 판시한 바 있다.[32] 그런데 형법상 음모의 개념에 대해 구체적으로 어떠한 경우에 범죄실행의 합의가 있다고 볼 것인지, 즉 어떠한 정도로 의사의 합치가 있어야 음모죄의 성립을 인정할 것인지에 관하여는 그 설명하는 바가 반드시 명쾌하지 않고 판례상 이렇다할만한 기준이 제시된 바도 없다는 점은 형법상 음모죄 규정이 봉착하게 되는 가장 큰 딜레마이다.[33]

(2) 예비죄

형법상 예비란 특정 범죄를 실현할 목적으로 행하는 외부적 준비행위로서 아직 실행의 착수에 이르지 아니한 일체의 행위를 말한다는 점에서 음모와 중첩적일 수 있다. 그러나 예비는 내적 범행계획을 초과하여 객관화하는 외부적 준비행위를 한다는 점에서 음모와 구별된다. 예비죄 역시 주관적 요건으로 고의는 물론이고 '기본범죄를 범할 목적'이 있어야 한다. 그리고 객관적으로는 '기본범죄의 실현을 가능하게 하고 용이하게 하는 데 기여할 수 있는' 사전적 준비행위라는 점에 그 불법의 실질이 있는 것이다.[34] 그런데 예비죄의 구성요건에 관하여 형법은 해당 '죄를 범할 목적'에 대해서만 언급하고 있으나, 예비행위의 가벌성을 제대로 확정하려면 대상이나 방법, 정도 등에 관한 구체적인 규정이 필요하다. 비록 예비행위의 범위가 너무 넓고 다양하기는 하지만 관련 구성요건에서 예비

하는지", 『대법원판례해설』 제66호, 2007. 7., 389~412면.

32) 대법원 1999. 11. 12. 선고., 99도3801판결.

33) 정원태, "절도죄에 있어서 점유와 실행의 착수 – 음모와 예비와의 관계 –", 『형사재판의 제문제』 제3권, 형사실무연구회, 2000., 78면.

34) 문채규, "예비죄의 공범 및 중지", 『비교형사법연구』 제4권 제1호, 2002., 31면.

행위의 기본적 행위유형만이라도 정형화하여 규정해 둔다면 가벌성이 부당하게 확대되는 것을 방지할 수 있다.

형사정책적으로 필요하다면 모든 기본범죄에 대응하여 예비행위의 처벌을 논의할 수도 있을 것이나 그것이 법익 침해 내지 위태화라는 가벌성 허용기준과의 접점을 제대로 포착할 수 없기 때문에 예비행위의 범죄화는 형사처벌의 정형화 요청과 최후수단으로서의 형벌개입의 보충성을 고려하여 신중하게 다루어져야 한다. 그런데 어떠한 양태와 범위로 예비죄를 제한할 것인가는 물론 입법적 결단의 문제에 속한다. 이와 관련하여 중요한 사실은 이론적으로는 가벌성이 인정될 수 있는 예비죄 관련 행위양태라도 입법적 결단에 의하여 얼마든지 비범죄화 될 수 있으므로 이론적으로 가벌성이 긍정되는 행위영역과 법제상 처벌 가능한 행위영역이 그 범위에서 차이를 보일 수 있다는 점을 형법개정과정에서 참작해야 할 것이다.[35]

3) 입법론적 쟁점

형법개정에서 예비·음모규정에 대한 논의의 쟁점이 되어야 할 내용은 총칙상 규정을 두는 것에 대한 의문을 먼저 해결하고, 다음으로 예비·음모 양자에 대한 구별의 실익 및 양자를 모두 규정할 것인지 여부 등이 거론되어야 한다. 또한 각칙의 개별범죄에서 처벌하는 것을 총칙으로 편입시켜야 하는지 여부, 그 요건의 구체화 여부 및 예비·음모행위의 자수와 중지에 대한 처리문제, 법정형 제한방식 등이 검토되어야 하며, 마지막으로 예비죄적 성격이 농후한 각칙상 범죄유형의 정비방안이 순차적으로 고려되어야 할 것이다.

---

35) 문채규, 앞의 논문, 56면.

(1) 총칙상 규정의 타당성

예비·음모죄의 일반규정을 총칙에서 규정하고 있는 입법례는 사실 드물며, 우리나라와 중국 등이 여기에 해당한다. 물론 예비·음모죄의 법적 성격을 기본범죄의 수정형식 내지 발현형태로 이해할 경우 이러한 입법형식이 이론적으로 무리가 되지 않고 각칙상 개별범죄의 예비·음모죄를 공통적으로 규제할 수 있다는 점에서 바람직하다는 견해도 있으나, 비교법적 관점에서 살펴볼 때 중국을 제외한 여러 국가들에서 총칙에 예비 또는 음모규정을 두지 아니한 이유는 이러한 행위들에 대한 처벌이 예외적이기 때문이다. 따라서 형법총칙의 존재 의의가 형법각칙은 물론이고 형벌을 포함하는 모든 국가규범의 입법과 해석에 관하여 일반적인 기준과 원칙을 제공하는 지도원리가 된다는 사실을 음미해 볼 때 총칙상 규정을 두는 것이 반드시 철칙은 아니다.[36)]

현행 형법이 시행되기 이전, 우리 사회를 규율하던 의용형법에서 조차 존재하지 아니하는 총칙상의 예비·음모처벌 조항이 제정 형법에 도입된 배경은 당시의 사회적 분위기와도 무관하지 않았을 것이다. 전쟁으로 인하여 국가는 폐허인 상태에 있었고, 전쟁은 종결된 것이 아니라 한시적 휴전상황에 돌입한 당시의 사정으로 미루어 볼 때 총칙상의 예비·음모규정은 국가적 안전과 사회질서를 유지하기 위한 맥락을 고려한 형사입법

---

36) 그런데 음모를 포함한 예비행위를 처벌하는 중국형법 제22조 제1항은 범죄 예비를 범죄과정 가운데 하나의 범죄활동으로 이해하고 이러한 단계에서부터 형사책임을 져야하는 것으로 보고 있다. 그러나 처벌에 있어서는 제2항에서 기수범과 비교하여 정상을 가볍게 하거나 처벌을 감경 또는 면제할 수 있도록 되어 있다. 우리나라의 예비·음모처벌 규정(제28조)과 유사한 외관을 보이지만 우리나라는 예외적으로 처벌규정이 있어야 처벌하도록 되어 있으나, 이러한 제한규정이 없는 중국의 총칙규정은 결과적으로 모든 범죄유형에 대한 예비죄 처벌을 허용하는 것이다. 다만 '정상이 현저히 경미하고 위해가 크지 않는 경우'에는 범죄가 되지 않는 것으로 가벌성을 제한하고 있다. 따라서 철저한 사회통제적 관점에서 총칙상 예비죄 규정을 두고 있는 중국과 우리나라의 상황을 동일한 선상에서 비교해서는 안 될 일이다.

자의 결단이 내재되었던 것으로 볼 여지가 크다. 그러나 오늘날 우리 사회는 분단체제를 유지하고 있으나 형법제정 당시인 57년 전의 시대상황과는 근본적으로 다른 사회발전과 국가위상을 제고하는 단계에 있다. 따라서 형법의 개정은 근시안적 관점에서 이루어져서는 안 되는 국가형벌규범체계를 정비하는 중대한 과업이기에 시대변화와 미래를 내다보는 안목으로 예비·음모에 대한 규정 역시 심도 있는 고려가 필요하다고 할 수 있으므로 이를 총칙상 규정으로 두어야 하는 정당한 이유를 재고해 보아야 할 것이다.

(2) 예비·음모의 개념 구별 및 규정대상 범위

우리 형사법은 구체적으로 예비와 음모를 구별하지 않고 있으며, 범죄를 실행하기 위한 심적 준비행위를 표현하는 법률용어로 음모, 통모, 공모라는 표현을 혼용하고 있다. 음모의 경우는 형법총칙과 형법각칙 및 각종 형사특별법에서 주로 사용하고 있으며, 통모개념은 외환유치죄(형법 제92조)의 구성요건으로 나타나 있고,[37] 공모개념은 형사특별법 가운데 하나인 경범죄처벌법 제1조 제4호에서 사용되고 있다.[38] 앞에서 본 바와 같이 형법제정과정에서 엄상섭 의원은 통모와 음모를 동일한 개념으로 보고 있고, 외환유치죄상 통모는 공모와 동일한 것으로 이해되고 있으나 이것이 단순히 입법상의 오류인지 아니면 각각의 심적 준비행위에 있어 어떤 질적 차이가 있는지는 제대로 규명되지 않고 있다.

또한 각국의 입법례는 예비만 처벌하는 경우, 음모만 처벌하는 경우,

---

37) 형법 제92조(외환유치죄) 외국과 통모(通謀)하여 우리나라에 대하여 전단(戰端)을 열게 하거나 외국인과 통모하여 항적(抗敵)하는 죄. 사형 또는 무기징역에 처한다(92조). 여기서 통모란 '남몰래 서로 통하여 공모'하거나 '상대편과 사전에 서로의 의사에 대하여 연락을 하는 일'을 말한다.
38) 경범죄처벌법 제1조 제4호는 다른 사람의 신체에 대하여 해를 입힐 것을 공모하여 그 예비행위를 한 사람이 있는 경우 해를 입힐 것을 공모한 자를 폭행 등 예비죄로 처벌하고 있다.

양자 모두를 처벌하는 경우로 구분되고 있다. 그런데 예비와 음모는 개념적으로 구별되고 독자적 특성이 있기 때문에 양자 모두를 규정해야 한다는 견해가 다수설의 태도이나,[39] 구체적인 구별의 실익이 무엇이며 처벌에 있어 양자의 준비단계를 어떻게 달리 취급해야 하는지에 대한 설명은 존재하지 않는다. 아울러 비교법적으로 대체로 예비행위만을 처벌하는 입법례가 주를 이루고 양자를 모두 처벌하는 입법례는 극히 일부에 불과하다는 점에서도 예비·음모를 함께 규정하고 있는 입법태도는 신중한 검토가 필요한 문제라고 판단된다.

(3) 총칙상 예비·음모 구성요건의 구체화

모든 범죄의 준비단계를 처벌한다고 규정하는 것은 처벌범위를 지나치게 확대할 우려가 있으므로 이를 방지하려면 처벌되는 특정범죄에 대한 준비상황의 요건과 태양의 구체화, 즉, 총칙에서 그 요건으로서 위험성 등 객관적 요건을 도입하여 성립범위를 제한할 필요가 있다는 주장이 있다. 이것은 총칙상의 예비죄 규정에서 일반적 요건으로서 '위험성'을 더 요구함으로써 경미한 예비행위는 예비죄의 처벌대상에서 배제하는 것이 타당하다는 사실에 주목한 결과이다.[40] 이러한 입장에서는 '단 법률에 예비·음모를 처벌하는 규정이 있는 경우에도 그 위험성이 경미한 경우에는 예외로 한다'라는 규정을 둘 것을 제안한다.[41] 그러나 중국형법은 총칙에서 예

---

39) 음모는 예비에 선행하는 범죄발전의 일단계라는 견해(판례), 음모는 예비의 일종이라는 견해, 예비는 범죄실현을 위한 물적 준비행위이고 음모는 심리적 준비행위라는 견해 등이 있으나, 음모는 심리적 준비행위이고 예비는 그 이외의 인적, 물적 형태의 외부적 준비행위로서 시간적 전후관계가 없다고 보는 것이 타당하다는 것이 다수설이다.
40) 최상욱, "예비죄에 관한 각국의 입법례", 『연세법학연구』 제6권 제2호, 1999., 214면.
41) 박강우, 앞의 논문, 227면; 그러나 '위험성' 판단이라는 새로운 문제를 야기할 수 있기 때문에 입법론상으로는 충분한 논의가 필요하다.

비의 처벌 정도를 일률적으로 규정하고 있으나 우리나라의 경우 예비·음모의 처벌규정이 비교적 많지 아니하며 각 범죄 마다 특성이 있기 때문에 이러한 방식은 바람직하지 않고 각칙에서 처벌 여부와 정도를 규정하는 것이 타당하다. 다만, 각칙에 규정을 두더라도 개별범죄의 특성에 따라 구성요건의 내용을 구체화하여 자세하게 규정할 필요가 있다.

(4) 감면사유의 법제화

현행 형법각칙상 각 예비·음모죄는 법정형이 따로 규정되고 있는데 이러한 규정방식은 기본범죄의 법정형에 대하여 임의적 감경이나 필요적 감면을 규정하고 있는 미수범 처벌규정과는 구분되는 태도이다.[42] 그런데 범죄의 예비·음모단계로 나아갔으나 그 실행에 착수하기 전 자수하였을 때, 형을 필요적으로 감면하고 있는 경우가 많다.[43] 이것은 기본범죄의 중대성에 비추어 기수범으로의 진행을 저지하려는 범죄정책적 고려에서 비롯된 입법이라고 할 수 있다. 그러나 여기서 제외된 기본범죄의 예비·음모행위에 대한 자수는 형법 제52조 제1항 규정에 의하여 그 형이 임의적으로 감면될 뿐이다. 따라서 입법론적으로나 형사정책적 측면으로도 총칙에서 자수의 경우에는 형을 감면하도록 하는 규정을 두는 것이 바람직하다는 견해가 있다.[44]

---

42) 권문택, "예비죄의 종범", 황산덕박사 화갑기념논문집, 1979., 161면 ; 이형국, 형법총론연구Ⅱ, 477면 ; 최상욱, 앞의 논문, 223면.

43) 자수를 필요적 감면사유로 규정한 범죄로는 형법상 내란죄(제87조), 내란목적살인죄(제88조), 외환유치죄(제92조), 여적죄(제93조), 모병이적죄(제94조) 시설제공이적죄(제95조), 시설파괴이적죄(제96조), 물건제공이적죄(제97조), 간첩죄(제98조), 일반이적죄(제99조), 외국에 대한 사전죄(제111조), 폭발물사용죄(제119조) 현주건조물등에의 방화죄(제164조 제1항), 공용건조물등에의 방화죄(제165조 제1항), 일반건조물등에의 방화죄(제166조 제1항), 폭발성물건파열죄(제172조 제1항), 가스·전기등 방류죄(제172조의2 제1항), 가스·전기등 공급방해죄(제173조 제1항, 제2항), 통화의 위조등죄(제207조 제1항, 제2항, 제3항) 등이 있다.

또한 예비·음모행위로 나선 자가 실행의 착수를 포기한 경우에도 형을 감면하는 것이 타당하다는 주장이 있다.[45] 즉, 현재 예비의 중지에 대하여 판례는 이를 부정하고 있으나 학설은 중지미수의 규정을 제한적으로 유추적용하자는 견해가 거의 지배적인 입장이다.[46] 그러나 이를 법해석에 위임할 것이 아니라 입법과정에서 명문으로 규정하자는 것이다. 왜냐하면 범죄의 실행에 착수한 후 범행을 중지한 경우에는 형을 감면하고, 실행의 착수 이전에 중지한 때에는 예비죄로 처벌하는 것은 형벌의 균형을 잃게 되는 불합리한 문제가 있기 때문이다. 이에 따라 형법개정연구회 시안(2008)에서는 제28조 제2항을 신설하여 이 문제를 해결하고자 하고 있다.[47]

(5) 법정형의 제한방식과 정비

예외적 처벌규정인 예비·음모죄의 법정형 제한방식은 현재 상한제한과 하한제한이 혼용되고 있으나 상한제한방식으로 통일하는 것이 타당하다. 따라서 원칙적으로 개별범죄의 법정형을 고려하여 각 조문단위로 예비·음모죄를 규정하는 것이 바람직하다. 다만 여기에서 현행 형법상 규정을 전제로 살펴보면 대체로 10년 이하 자유형의 예비·음모는 2년 이하의 징역으로, 자유형의 하한제한방식은 결과적으로 상한이 15년 이하가

---

44) 박강우, "형법각칙상 예비·음모죄의 입법론적 검토," 『형사법연구』 제22호, 2004., 228면 ; 정영일, 앞의 논문, 547면.
45) 허일태, 형법연구I, 세종출판사, 1997., 526~528면.
46) 다수설은 예비의 중지에 대해 형법 제26조를 적용하되 이러한 경우는 이례적인 것이기 때문에 그 범위를 최소화해야 한다고 본다. 따라서 예비의 형이 중지미수의 형보다 무거운 경우에만 중지미수 규정을 유추적용하고, 예비의 형이 중지미수의 형보다 가벼운 경우는 제26조의 유추적용을 하지 않는 것이다. 이승현, 형사법개정연구(Ⅳ): 자유형제도의 개선방안, 한국형사정책연구원, 2009., 111면.
47) 김재봉·류전철·이천현, 앞의 논문, 126면.

되므로 3년 이하의 징역으로, 무기형이 법정형으로 선택된 경우에는 5년 이하의 징역으로, 사형이 법정형으로 규정된 때에는 10년 이하의 징역으로 정비하는 것이 타당하다는 견해가 참조할 여지가 있다.[48] 예컨대 형법 제90조 내란죄의 예비·음모죄는 3년 이상의 자유형에서 10년 이하의 징역으로, 제101조 외환죄의 예비·음모죄는 2년 이상의 유기징역에서 역시 10년 이하의 징역으로 조정함이 타당할 것이다.

또한 현행 형법은 동일한 장에 속하는 범죄의 예비에 대한 형벌을 각 범죄의 특성을 감안하지 않고 일괄하여 규정하고 있다. 이에 따라 강도에 관한 죄의 예비·음모를 일괄적으로 7년 이하로 규정하고(제343조),[49] 살인에 관한 죄의 예비·음모는 일괄적으로 10년 이하로 규정하고 있다(제255조). 그런데 강도살인죄를 범할 목적으로 예비한 자를 7년 이하의 징역에 처하도록 한다면 살인을 목적으로 예비한 자에게 10년 이하의 징역에 처하도록 되어 있는 규정(제255조)과 비교할 때 양형상 불합리한 결과가 초래된다.[50] 따라서 입법과정에서 개별 기본범죄의 특수성과 양형의 합리화를 고려한 개별적인 규정이 필요한데, 이 문제에 선행하여 개별 기본범죄의 예비에 대한 구성요건의 객관적 체계화가 우선 해결되어야 할 것이다.[51]

---

48) 이러한 견해에 대해서는 김혜경, 법정형체계의 정비방안, 한국형사정책연구원, 2006., 112면.

49) 강도죄(제333조), 특수강도죄(제334조), 인질강도죄(제336조), 강도상해죄(제337조), 강도강간죄(제339조), 해상강도 등 죄(제340조)의 예비·음모행위를 모두 동일하게 7년 이하의 징역에 처하도록 규정하고 있다(제343조).

50) 이러한 불합리함을 해결하기 위하여 강도살인을 예비한 경우에는 형의 균형상 강도예비죄(제343조)와 살인예비죄(제255조)의 상상적 경합으로 처벌하자는 주장이 제기되기도 하였다. 이형국, 앞의 책, 485면.

51) 이에 따라 현행 형법 제255조는 살인 및 위계 등에 의한 촉탁살인 등의 예비·음모의 법정형을 '10년 이하의 징역'으로 규정하고 있으나, 형법개정연구회 개정시안(2008)에서는 상해죄의 법정형과 균형을 맞춘다는 취지에서 '7년 이하의 징역'으로 낮추고 선택형으로 '1천500만원 이하의 벌금'을 추가하였다.

(6) 형법각칙상 문제되는 몇 가지 예비범죄 규정의 정비

현행 형법상 '공안을 해하는 죄'의 장에는 (구)형법과 일본개정형법가안의 영향을 받아 범죄단체조직죄, 다중불해산죄 등의 범죄유형이 규정되어 있으며, 내란죄, 외환죄 및 일부 공안을 해하는 죄에서 선동·선전죄가 규정되어 있다.

① 범죄단체조직죄(제114조)

원래 범죄단체를 조직하는 행위는 조직폭력 등 집단형 범죄를 저지르기 이전의 예비·음모에 해당하는 단계이지만 특히 조직범죄의 특성에 주목하여 별도의 구성요건이 마련된 것으로 그 입법배경은 조직범죄의 증가와 위험성에 대처하기 위한 예방적 필요성이 강하게 대두된 것이다. 그러나 목적한 범죄의 실행행위가 없음에도 불구하고 실행행위가 있는 것으로 간주하여 처벌하도록 한다면 '행위형법의 원칙'과 '죄형균형사상'에 위배된다.52) 따라서 범죄단체조직죄가 목적한 범죄의 예비·음모단계에 불과하다는 점을 고려하여 목적한 범죄의 정범보다는 감경된 법정형으로 처벌하는 것이 타당하다. 이에 따라 1992년 형법개정안에서는 주모자, 간부 또는 그 이외의 일정한 자로 제한하여 형을 별도로 규정한 바 있다. 그러나 개정연구회시안(2008)에서는 가담정도를 기준으로 구분하는 것이 불명확하다는 문제가 제기됨에 따라 조직범죄의 위험성에 대한 예방적 기능을 수행하기 위해 현행규정을 그대로 유지하기로 하였다.53)

---

52) 임웅, 형법각론, 2001, 485면.
53) 그런데 폭력행위등처벌에관한법률 제4조 제1항은 범죄를 목적으로 한 단체 또는 집단을 구성하거나 그러한 단체 또는 집단에 가입하거나 그 구성원으로 활동한 자를 구분하여 수괴는 사형, 무기 또는 10년 이상의 징역으로, 간부의 경우 무기 또는 7년 이상의 징역에 처하며, 그 외의 자는 2년 이상의 유기징역에 처하도록 하고 있다

② 다중불해산죄(제116조)

　형법각칙상 다중불해산죄는 다중이 폭행·협박·손괴행위를 할 목적으로 집합하였으나 아직 이러한 실행행위로 나아가기 전 단계, 즉 소요죄의 예비단계를 보호법익의 중대성에 비추어 독립된 범죄로 처벌하는 것이다. 그러나 현실적으로 다중불해산죄가 적용된 사례는 거의 발견되지 아니하며, 집회및시위에관한법률에 의하여 소요행위의 예비단계를 처벌하고 있다. 그런데 법정형을 비교하면 집시법상 해산명령의 부작위범을 6월 이하의 징역 또는 50만원 이하의 벌금·구류·과료에 처하는 것과 비교할 때(법 제21조), 형법상 다중불해산죄의 부작위범은 2년 이하의 징역이나 금고 또는 300만원 이하의 벌금에 처하도록 규정하고 있어서 양형상 부조화를 이루고 있고, 다중불해산행위는 폭력행위등처벌에관한법률의 적용이 가능할 뿐 아니라 예비죄적 성격이 농후하기 때문에 폐지하는 것이 타당하다.[54]

③ 폭발물사용예비·음모·선동죄(제120조 제1항)

　폭발물을 사용하는 범죄로 야기되는 위험성은 상상을 초월하므로 우리 형법은 그 예비·음모·선동행위도 처벌할 필요가 있기에 형법 제120조 제1항의 규정을 두고 있다. 그런데 폭발성물건파열죄의 법정형이 '1년 이상의 유기징역'인데 대하여 그 불법성이 상대적으로 낮은 폭발물사용 예비·음모·선동행위의 법정형을 '2년 이상의 유기징역'으로 규정하고 있는 점은 불합리하다. 따라서 개정연구회시안(2008)이 법정형을 '5년 이하의 징역'으로 상한제한방식을 규정한 것은 타당하다. 또한 전시폭발물사용죄(제119조 제2항)의 준비단계(예비단계)라고 할 수 있는 폭발물의 제조·수입·수출·수수·소지행위를 독립된 별개의 범죄(제121조)로 처벌하고 있

---

54) 형법개정의 쟁점과 검토 – 죄수 형벌론 및 형법각칙 –, 한국형사정책연구원, 2009. 9.11., 177~178면 참조.

다. 이에 대해 1992년 개정안과 개정연구회시안(2008)에서는 폐지를 제안하고 있다. 아울러 현재 폭발물에 관한 죄는 형법 제6장에 규정된 것 이외에 방화와 실화의 죄(제13장)에서 규정하고 있는 것도 있는데, 폭발성물건파열죄(제172조), 가스·전기 등 방류죄(제172조의2), 가스·전기 등 공급방해죄(제173조) 등을 입법론상 통일적으로 규정하자는 견해[55]를 개정연구회시안(2008)가 수용하여 제21장 폭발물에 관한 죄에 두기로 하고 있다.

그런데 폭발물사용죄에 관련된 선동죄 규정에 대하여 개정연구회의 검토가 부재한 것은 문제점으로 지적된다. 형법에서 규정하고 있는 선동·선전죄는 대부분 일제치하의 사상통제법이었던 치안유지법이 채용하고 있던 입법형식을 국가보안법이 승계하여 다시 형법전에 배치한 것으로서, 이에 대해서는 이미 형법제정 당시에도 상당한 논란이 있었던 것은 변진갑 의원의 수정안에서도 나타나 있다.[56]

④ 내란 등 예비·음모·선전·선동죄(제90조)와 외환 등 예비·음모·선전· 선동죄(제101조)

형법에 남아있는 국가보안법의 흔적 가운데 하나로 지목되는 것이 선전·선동죄의 규정이다. 이 규정은 형법제정 당시 전쟁이 진행되는 상황에서 국가존립을 위태롭게 하는 행위는 사전에 차단해야 한다는 필요성에 근거한 것이었다.[57] 내란 등 예비·음모·선전·선동죄(제90조)와 외환 등 예비·음모·선전·선동죄(제101조)는 원래 (구)형법(의용형법) 제78조와 제88조에서도 각각 규정하고 있었는데, 그 법정형은 하한제한방식에 의하여 공히 '1년 이상 10년 이하의 징역'에 처하도록 되어 있었으나 현행 형

---

55) 박강우, 앞의 논문, 230~231면.
56) 1948년 12월 1일 제정된 국가보안법 제3조에 이미 '협의·선전·선동'행위를 처벌하는 규정을 두고 있었다는 것은 형법상 선전·선동죄 처벌의 태생적 근거를 설명하는 자료로 충분하다고 할 것이다.
57) 이에 대해서는 엄상섭 의원의 설명을 참조할 필요가 있다. 자세한 것은 신동운(편), 형사법령제정자료집(1) 형법, 한국형사정책연구원, 1991., 271면.

법은 죄질의 경중을 두어 전자의 경우를 3년 이상으로, 후자는 2년 이상으로 처벌할 것을 규정하고 있다.

그러나 형법의 전면 개정을 진행하고 있는 우리 사회의 현실이 57년 전의 상황과 동일하다고 할 수는 없는 일이고 더 이상 이념과 사상이 형법전에 똬리를 틀지 못하도록 하려면 선전·선동죄의 경우 역시 일소할 수 있는 방안을 심도 있게 고려해 보아야 한다. 아울러 이러한 심정형법적 조항을 그대로 방치한다는 것은 법무부가 구현하고자 하는 형법개정의 근본취지에도 부합하지 아니하는 모순이 된다는 점을 명심해야 할 것이다.

Ⅲ. 형사법상 예비·음모죄에 대한 재검토

1. 예비·음모죄의 처벌근거

범죄는 기수 처벌이 원칙이므로 미수에 대한 처벌은 예외에 속한다. 그러나 법은 사회적 소산으로서 사회가 혼란스러울수록 사회질서의 유지에 대한 요청은 빈발해지며, 이에 따라 미수범 처벌에 대한 사회적 요구도 강력하게 뒤 따르는 법이다. 그런데 미수범을 처벌하더라도 헌법상 비례원칙과 책임원칙 그리고 형법의 최후수단성에 의한 엄격한 제한 아래 그 정당성을 검토해야 하기 때문에 기수범에 비해 가벌성이 떨어지고, 처벌의 수위 역시 낮아지게 된다. 사정이 이렇다면 예비·음모는 미수범보다 더욱 예외적인 경우에 해당하는 것이다. 따라서 법률상 예외는 엄격하게 다루어야 하는 것이 원칙일 때, 예외의 예외는 더욱 엄격하게 제한되어야 하며, 특정행위에 대한 처벌을 작정하고 반드시 어떠한 형태로든 처벌하겠다는 차원에서 예비·음모를 최후방책으로 설정하려는 태도는 시대착오적 입법관으로 지양해야 한다.

처벌근거에 있어서 예비·음모행위만으로는 사회적으로 회피하고자 하는 결과발생의 구체적 위험성이 존재한다고 말할 수 없다. 그럼에도 예비·음모행위를 처벌하는 이유는 그 행위가 중요한 법익침해를 예방하기 위한 차원에서 사회정책적으로 처벌의 필요성이 충분히 존재하기 때문이다.[58] 이는 예비·음모행위가 미수나 기수범처럼 구성요건의 요소에 대한 실행의 착수를 통하여 현실적 침해 내지 침해가능성이 나타나는 것이 아니라, 보호하고자 하는 법익의 침해가능성 때문에 가벌성을 가진다는 것을 의미한다.

이에 대해서 예외적인 처벌이 허용되는 이유는 기본범죄의 범죄성이 중하고 그 음모와 예비행위 자체가 '범죄의 기수가 야기하는 위험성에 상당한 정도의 실질적인 위험성'을 나타내기 때문이라는 견해도 있다.[59] 그러나 이러한 입장은 상당한 실질적 위험성의 의미를 제대로 설명하지 못하고 있으며, 더욱 솔직히 표현하자면 위험성이라는 개념의 실체는 입법 당시의 범죄정책이 지향하는 시선이 어디에 머무르고 있는지를 교묘히 위장하도록 만드는 근거를 제공하게 한다.

2. 예비·음모죄 처벌의 현황

아래의 표는 1999년부터 2008년까지 지난 10년간 검찰이 작성한 '범죄분석'에서 전체 형법범 가운데 형법각칙상 처벌되는 예비·음모죄로 검거된 통계이다. 이 자료를 통해 알 수 있는 바는 형법범 가운데 예비·음모죄로 입건된 사례가 연평균 통상 0.02-0.03%에 지나지 아니하며 법원의 통계를 확보하지는 못하였으나 이 가운데 실지로 예비·음모죄로 기소되어 확정판결을 받은 인원은 더욱 적을 것이라는 점이다.

---

58) 정영일, 앞의 논문, 115면 참조.
59) 백원기, 미수론연구, 삼지원, 1995., 331~332면 참조.

전체 형법범 중 형법각칙 조문상 예비·음모 검거건수의 변화 추이

(단위 : 건수)

연도\구분	전체	예비·음모	비율(%)	연도\구분	전체	예비·음모	비율(%)
1999	420,399	88	0.02	2004	589,773	186	0.03
2000	392,362	99	0.03	2005	634,210	180	0.03
2001	412,688	73	0.02	2006	640,266	212	0.03
2002	680,354	122	0.02	2007	667,885	194	0.03
2003	681,488	127	0.02	2008	709,075	213	0.03

　　더불어 아래와 같이 개별범죄의 예비·음모죄에 대한 연도별 변화추이를 살펴보더라도 수사가 개시된 사례가 존재하지 않아 유명무실하거나 연간 검거건수가 극소수에 불과한 예비·음모죄 규정도 나타나고 있다. 형벌규범은 사회현실을 반영하는 것이라고 할 때 그 규범은 있어야 할 당위에, 있는 것으로서의 존재는 무의미한 것이 되어 버린다는 점에서 예비·음모죄 처벌의 정당성을 반성적으로 성찰하고 불요불급한 예비·음모처벌 규정을 비범죄화 내지 정돈해야 할 것이다.

형법범의 기수 및 예비·음모 검거건수의 변화 추이

(단위: 건수)

죄목\연도		1999	2000	2001	2002	2003	2004	2005	2006	2007	2008
내란의죄	기수	-	1	-	-	-	3	-	-	-	-
	예비음모	-	-	-	-	-	2	-	-	-	-
외환의죄	기수	-	-	-	-	-	-	-	-	-	-
	예비음모	-	-	-	-	-	-	-	-	-	-
폭발물사용	기수	-	-	-	-	-	-	-	-	-	-
	예비음모	-	-	-	-	-	-	-	-	-	-

도주와 범인은닉	기수	473	693	655	761	662	402	298	361	487	575
	예비음모	1	2	4	-	3	1	1	-	-	-
방화	기수	1,086	1,205	1,252	1,320	1,561	1,374	1,596	1,491	1,524	1,691
	예비음모	20	17	24	15	43	103	112	101	109	116
일수	기수	15	14	23	15	7	11	14	22	14	11
	예비음모	-	-	-	-	-	-	-	-	-	-
교통방해	기수	938	923	1,000	936	1,040	732	841	848	977	1,104
	예비음모	1	4	2	-	-	-	2	3	1	7
음용수	기수	43	34	28	20	26	15	21	22	26	21
	예비음모	-	-	-	-	-	1	-	-	1	-
통화위조	기수	690	63	43	42	67	71	87	106	185	182
	예비음모	-	1	-	-	-	-	-	1	1	1
유가증권 위조	기수	1,503	1,424	1,355	1,094	1,028	1,157	1,517	1,652	1,197	1,019
	예비음모	14	9	9	4	5	16	21	17	16	15
살인	기수	1,004	975	1,067	1,014	1,049	958	1,035	1,048	1,077	1,100
	예비음모	8	8	4	5	7	7	18	14	13	15
강도	기수	4,917	4,593	4,769	6,026	7,202	4,481	4,063	4,022	3,746	4,131
	예비음모	63	58	30	98	69	56	73	58	53	59

3. 예비·음모죄 처벌의 숨겨진 의도

2002년 9월 11일, 미국은 초유의 국가적 테러를 경험하면서 '애국자법 (Patriot Act)'을 제정하기에 이른다.[60] 시대적 상황논리는 우리에게도 영향

---

60) 정식 법안명은 '테러리즘의 차단과 방지에 필요한 적절한 수단의 제공에 의한 미국의 통합 및 강화법("Uniting and Strengthening America by Providing Appropriate Tools Required to Intercept and Obstruct Terrorism" Act)이다. 이 법의 구체적인 조

을 끼쳐 국가보안법이 존재함에도 불구하고 테러방지법을 제정하기 위한 입법적 시도를 당연시 하게 하였으며, 일본 또한 '예비음모처벌법(안)'을 두고 아직까지도 논란을 거듭하고 있다.[61] 미국의 국가보안법격인 애국 자법과 일본의 예비음모처벌법에 따르면 형법에 규정되어 있는 모든 범죄의 예비·음모행위를 범죄로 규정하여 처벌할 수 있다. 테러행위의 국제화 경향에 심각성을 인식하여 2001년부터 입법의 필요성이 제기된 우리나라의 '테러방지법(안)'은 19년 가까이 국회를 표류하고 있으며, 이 법(안) 역시 형사특별법에 의해 빚어지는 예비·음모처벌의 문제점을 여실히 드러낸다.[62] 이 법안 제17조 제3항에서는 테러를 할 목적으로 예비 또는 음모한 자를, 제18조 제3항은 사람과 동물을 살상할 수 있는 병원체를 사용하는 테러를 범할 목적으로 예비 또는 음모한 자를 각각 5년 이하의 징역에 처하도록 하고 있다. 아울러 테러단체의 구성과 구성원으로 가입하는 행위의 예비 또는 음모 역시 5년 이하의 징역에 처하도록 하고 있다 (제19조 제4항).

그러나 이러한 법률들에서 나타나는 가장 큰 악법적 요소는 죄형법정주의라는 법치 윤리의 근간을 붕괴시킨다는 점에 있다. 실제로 범죄를 저지르지 않았음에도 특정 범죄를 모의하였다는 이유만으로 형사처벌을 허용한다는 것은 법률에 의한 전제적 사회통치를 의미하는 것이다. 오늘날 국제사회의 공통 관심사가 되어 버린 테러문제에 대응하기 위해 각국이 제정하고자 하는 이들 법률의 특징은 테러의 방지를 통한 국가와 국민의

문내용에 대해서는 Cary Stacy Smith, Li-Ching Hung, The Patriot Act: Issues and Controversies, Charles C Thomas Publisher, 2010., pp.89 이하 참조.

61) 일본의 경우 2005년 형법개정안에 포함되어 있는 '조직적범죄처벌법 개정안(공모죄)' 제6조의 2항에 따르면 공모행위만으로도 처벌이 가능한 범죄구성요건은 무려 620개에 달하게 된다.

62) 테러방지법(안)에 대한 입법 추진경과에 있어서는 정육상, "한국의 테러방지법 제정방향에 관한 연구: 외국의 입법 경험을 중심으로", 『한국공안행정학회보』 제36호, 2009., 283면 이하 참조.

안전보장이 우선되는 것이 아니라 현존하는 정권의 안정을 유지하려는데 있다는 사실은 이러한 법률이 특정행위의 예비·음모를 철저하게 규제하려는 의도 속에서 확인할 수 있다.

4. 음모죄 처벌의 정치성

원래 음모는 발각되더라도 그 진상을 자세히 파악할 수 없는 행위속성 때문에 이를 정치적으로 역이용하여 반대파를 탄압하고 제거하기 위한 수단으로 날조되기도 한다. 특히 독일의 국회의사당화재사건은 그 예로서 자주 거론되는데,[63] 이에는 반역모의·정체변혁·암살 등을 위한 정치적 음모가 포함된다. 역사적으로 볼 때 음모죄는 봉건왕조시대의 '반역'에 대한 논의에 가담한 자를 처벌하던 범죄유형이라고 할 수 있으며,[64] 반역자의 저항의식을 끝까지 색출하여 처단하겠다는 사고의 이면에는 전율스러운 공포정치의 망령이 도사리고 있다.

따라서 음모죄 규정은 일반적으로 통상의 중대범죄를 실행착수에 이르기 전 차단한다기보다는 정치적 반대세력을 발본하기 위한 목적으로

---

63) 1933년 2월 27일 독일 베를린에서 발생한 이 사건은 나치 독일정권 수립에 지대한 공헌을 하였다. 화재 현장에서 체포된 네덜란드 출신의 공산주의자이자 실직 벽돌공이던 마리누스 판 데르 루페는 발견당시 방화용 도구를 소지하고 있었다. 히틀러와 당시 국회의장 헤르만 괴링, 그리고 요제프 괴벨스 등이 곧 현장에 도착한 후 괴링은 즉각 화재가 공산주의자들의 소행이라고 선언하자, 이를 계기로 독일 내 공산당 정치지도자들이 대대적으로 검거되었다. 이 사건은 결과적으로 히틀러에게 비상사태를 선포할 빌미를 제공해 주었고, 힌덴부르크대통령에게 바이마르공화국 헌법(1919)의 인권조항 대부분을 폐지하는 의회방화에 관한 법령(비상사태법)에 서명할 것을 강요하게 하였다. 자세한 것은 Henning Gädeken, Reichstagsbrand und Ermächtigungsgesetz -eine Schulbuchanalyse-, GRIN Verlag, 2007., S.4 이하 참조.

64) 자세한 것은 J. G. Bellamy, The Law of Treason in England in the Later Middle Ages, Cambridge University Press, 2004., pp.13 이하 참조.

전가의 보도처럼 남용되어 왔다. 우리나라의 경우 1948년, 내란음모죄로 기소되어 5년형을 선고받은 최능진은 친일청산과 평화통일이라는 자신의 정치적 신념이 이승만 정권에 반대되었기 때문이다.[65] 박정희정권 역시 1974년, 민청학련사건[66]과 1975년, 인혁당재건위사건[67]에서 관련자들을 대통령 긴급조치 위반, 국가보안법 위반, 반공법 위반 등의 혐의로 기소하면서, 이들이 빠져날 수 없도록 최후의 올가미로 내란예비·음모를 추가한 바 있다.[68] 또한 전두환 군사정권은 1980년 11월, 광주민주화운동의 주모자로 김대중 전 대통령을 지목하여 내란음모죄로 사형수의 멍에를 씌울 수 있었다.[69] 이러한 사건들에서 나타나는 공통점은 정치권력이 고

---

65) 최능진은 한국전쟁 와중에 서울을 떠나지 않고 적 치하에서 전쟁중지와 유엔을 통한 평화통일을 주장했다는 이유로 결국 내란혐의로 기소되어 이적죄로 사형선고를 받은 후 1951년 2월 11일 총살형으로 처형되었다. 최능진의 국방경비법 위반 사건에 대해서는 2009년 하반기 조사보고서 제8권, 진실 화해를 위한 과거사 정리위원회, 2009., 63면 이하 참조.

66) 2010년 10월 29일, 서울중앙지법 민사합의29부는 유신시대 민청학련 사건에 연루되어 유죄를 선고받고 옥살이를 한 26명과 그의 유족 및 가족 등 151명이 국가를 상대로 낸 소송에서 "국가는 520억여원을 배상하라"고 판결한 바 있다. 이 사건 피해자들에 대한 국가의 배상책임을 인정한 첫 판결이다. 재판부는 "당시 피고인들은 수사관의 구타와 고문 등 가혹행위로 인해 '공산주의 국가를 건설하기 위해 반국가단체를 구성해 폭동을 모의했다'고 허위자백을 하였고, 결국 구속 기소되어 처벌을 받았다"며 "국민을 보호해야 할 국가가 오히려 가해자가 되어 피고인과 그 가족에게 불법행위를 저지른 것이므로 배상의무가 있다"고 밝혔다.

67) 2010년 11월 3일, 서울중앙지법 민사26부는 북한 간첩으로 억울한 누명을 쓰고 죽거나 옥살이를 한 인혁당 사건의 피해자 등 105명이 국가를 상대로 낸 손해배상 청구소송에서 34억 9000만원을 손해배상금으로 지급해야 한다는 판결을 내렸다. 재판부는 판결문에서 "인혁당사건 당시 국가권력에 의해 조직적인 불법 구금과 가혹한 고문 등이 이뤄졌고, 유죄 판결을 받은 다음 날 사형이 집행돼 재심절차 등 권리구제 수단이 원천 봉쇄됐다"며 국가의 잘못을 인정하였다.

68) 인혁당재건위사건에 대해서는 천주교인권위원회, 사법살인: 1975년 4월의 학살, 학민사, 2001 참조.

문과 구타에 의한 허위자백을 기초로 사실관계와 증거를 조작하여 정치적 반대자와 반대세력을 무고하게 사법살인으로 제거하기 위해 음모죄 규정을 자의적으로 적용하였다는 사실이다.

5. 형사특별법상 예비·음모처벌규정

1) 예비·음모처벌규정의 양산

(1) 하한제한방식

특정범죄가중처벌등에관한법률 제5조의2 제8항은 미성년자 약취·유인범죄를 예비하거나 음모한 행위를 1년 이상 유기징역으로 처벌한다. 군형법 제8조 제1항은 반란죄(제5조), 반란 목적의 군용물 탈취죄(제6조)의 예비·음모를 5년 이상의 유기징역이나 유기금고에 처하고, 군형법 제16조 제1항은 군대 및 군용시설 제공죄(제11조), 군용시설 등 파괴죄(제12조), 간첩죄(제13조), 일반이적죄(제14조)의 예비·음모를 3년 이상의 유기징역으로, 군형법 제26조는 항복죄(제22조), 부대인솔도피죄(제23조)의 예비·음모를 3년 이상의 유기징역에 처하며, 상관살해죄(제53조 제1항)의 예비·음모는 1년 이상의 유기징역에 처한다(제53조 제2항).[70]

전파법 제80조 제3항은 전파법상의 고주파이용설비를 이용하여 대한민국헌법 또는 대한민국헌법에 따라 설치된 국가기관을 폭력으로 파괴할

---

69) 이 사건에 대한 당시 수사결과 발표에 대해서는 전대열, 날조된 김대중 내란 음모사건: 추적, 고려 서당, 1988., 18면 이하 참조.

70) 그런데 군형법상 초병살해죄(제59조 제1항)의 예비·음모는 1년 이상 10년 이하의 징역에 처하고(제59조 제2항), 군형법 제76조는 군대시설 등 방화죄(제66조), 노적(露積)군용물 등 방화죄(제67조), 폭발물파열죄(제68조), 군용시설 등 파괴죄(제69조), 선박·항공기복몰·손괴 및 치사상죄(제71조)의 예비·음모를 7년 이하의 징역이나 금고에 처한다고 하여 상한제한방식을 취하고 있다.

것을 주장하는 통신을 하는 행위(제80조 제1항)의 예비·음모를 2년 이상의 유기징역 또는 금고로 처벌한다.

(2) 상한제한방식

마약류불법거래방지에관한특례법 제7조 제3항은 불법수익 등의 은닉행위에 관한 예비·음모행위는 2년 이하의 징역 또는 1천만원 이하의 벌금에 처한다.[71] 마약류관리에관한법률 제58조, 제59조에서는 마약, 대마 등을 제조하거나 매매·매매의 알선하거나 제조나 매매·매매의 알선을 목적으로 대마를 소지·소유하는 행위의 예비 또는 음모를 10년 이하의 징역으로 처벌한다.

산업기술의유출방지및보호에관한법률 제37조 제1항은 기술유출을 할 목적으로 예비 또는 음모한 자를 3년 이하의 징역 또는 3천만원 이하의 벌금으로 처벌하고, 제37조 제2항은 2년 이하의 징역 또는 2천만원 이하의 벌금으로 처벌한다.[72] 부정경쟁방지및영업비밀보호에관한법률 제18조의3에서는 부정한 이익을 얻거나 기업에 손해를 입힐 목적으로 그 기업에 유용한 영업비밀을 외국에서 사용하거나 외국에서 사용될 것임을 알면서 취득·사용 또는 제3자에게 누설하는 예비·음모행위를 3년 이하의 징역 또는 2천만원 이하의 벌금으로 처벌하고, 부정한 이익을 얻거나 기업에 손해를

---

71) 그러나 이에 대한 처벌에 있어서 우리 형법의 예비·음모죄는 살인 등 상당히 중대한 범죄에 대해서만 처벌 조항을 두고 있는 것에 비추어 7년 이하의 징역에 처할 수 있는 범죄에 예비·음모행위를 포함시키는 것은 상당히 이례적이라고 할 수 있다. 강우예, 국제조약의 국내이행 형사특별법: 국제조약의 국내이행입법방안, 한국형사정책연구원, 2008., 63~64면.

72) 기술유출이 중대한 문제이기 때문에 예비·음모하는 경우에도 처벌하자는 것이지만 이런 벌칙은 원래 의도대로 사용되는 것이 아니라 헌법상 보장된 직업선택의 자유를 침해하는 압박도구로 악용될 가능성이 크다. 김민배, "산업기술의 유출방지 및 보호지원에 관한 법률(안)에 대한 현황과 정책과제", 2005. 7. 28., 40면.

입힐 목적으로 그 기업에 유용한 영업비밀을 취득·사용하거나 제3자에게 누설한 자는 2년 이하의 징역 또는 1천만원 이하의 벌금으로 처벌한다. 밀항단속법 제3조 제3항은 밀항 또는 이선(離船)·이기(離機)행위의 예비·음모를 1년 이하의 징역 또는 100만원 이하의 벌금으로 처벌하고 있으며, 항공안전및보안에관한법률 제40조에서는 폭행, 협박 또는 그 밖의 방법으로 항공기를 강탈하거나 그 운항을 강제하는 행위 및 이에 따라 사람을 사상에 이르게 하는 행위의 예비·음모를 5년 이하의 징역에 처한다.

(3) 가중처벌

폭력행위등처벌에관한법률 제4조 제2항에 의해 단체 또는 집단을 구성하거나 그러한 단체 또는 집단에 가입한 자가 단체 또는 집단의 위력을 과시하거나 단체 또는 집단의 존속·유지를 위하여 형법 제255조(예비·음모)의 죄, 제343조(예비·음모)의 죄를 범한 경우 형의 장기 및 단기의 2분의 1까지 가중한다.

(4) 감경처벌

관세법 제271조 제3항은 국가관세종합정보망이나 전자문서중계사업자의 전산처리설비에 기록된 전자문서 등 관련정보를 위조 또는 변조하거나 위조 또는 변조된 정보를 행사하는 전자문서 위조·변조죄 등(제268조의2), 밀수출입죄(제269조) 및 관세포탈등죄(제270조)를 범할 목적으로 그 예비를 한 자는 본죄의 2분의 1을 감경하여 처벌하도록 규정하고 있다.

(5) 본죄에 준한 처벌

특정범죄가중처벌등에관한법률 제6조 제7항에 따르면 관세법 제271조상 예비행위는 정범 또는 본죄에 준하여 처벌한다.[73] 출입국관리법 제99조에서도 제93조의2, 제93조의3, 제94조 제1호부터 제4호까지, 그리고 제18호 및 제95조 제1호의 죄를 범할 목적으로 예비 또는 음모한 자를 본죄에 준하여 처벌한다.[74] 제주특별자치도설치및국제자유도시조성을위한 특별법 제360조 제1항 또한 제355조 제1항부터 제3항까지, 제358조 제1항의 죄를 범할 목적으로 예비 또는 음모한 자를 본죄에 준하여 처벌한다.[75]

(6) 형법각칙상 예비·음모처벌규정의 준용

문화재보호법 제84조에 따르면 지정문화재인 건조물에 대한 방화의 예비·음모는 형법 제175조의 예비·음모규정이, 일수의 예비·음모는 형법 제183조의 예비·음모규정을 각각 적용하도록 되어 있다.

(7) 기타

특정범죄자에대한위치추적전자장치부착등에관한법률 제2조에 따르면 미성년자 대상 유괴범죄의 예비·음모(형법 제290조)와 형법상 처벌되는 살인범죄의 예비·음모행위(형법 제255조)에 대하여 전자발찌를 채울

---

[73] 관세법 제271조 제3항은 같은 법 제268조의2, 제269조 및 제270조의 죄를 범할 목적으로 그 예비를 한 자는 본죄의 2분의 1을 감경하여 처벌하도록 규정하고 있다. 그런데 특가법 제6조(관세법 위반행위의 가중처벌) 제7항은 관세법 제271조에 규정된 죄를 범한 사람은 제1항부터 제6항까지의 예에 따른 그 정범 또는 본죄에 준하여 처벌한다.

[74] 예컨대 출입국관리법상의 내국인 무단출국죄(제94조 제1호), 외국인무단입국죄(제94조 제2호), 외국인불법출입국목적 선박제공죄·불법입국외국인 은닉·도피 및 은닉·도피목적 선박제공죄(제94조 제2호의2), 외국인무단출국죄(제94조 제9호), 내국인무단입국죄(제95조 제1호) 등의 예비 또는 음모행위.

[75] 예컨대 제355조는 외국인을 집단으로 대한민국 안의 다른 지역으로 이동시키거나 이를 알선하는 행위, 외국인을 집단으로 대한민국 안의 다른 지역으로 이동시키기 위하여 선박 등이나 여권을 제공하는 행위를, 제358조 제1항은 허가를 받지 아니하고 보존자원을 매매하거나 제주자치도 밖으로 반출하는 행위를 처벌하는 규정이다.

수 있다.

경범죄처벌법 제1조의 제4호는 다른 사람의 신체에 대하여 해를 입힐 것을 공모하여 그 예비행위를 한 사람이 있는 경우 해를 입힐 것을 공모한 자를 폭행 등 예비죄로 10만원 이하의 벌금, 구류 또는 과료의 형으로 처벌한다.

통신비밀보호법 제5조 제1항은 범죄수사를 위한 통신제한조치의 허가요건을 규정하면서 그 대상범죄의 범위를 형법과 형사특별법상 처벌되는 범죄계획(예비·음모행위)에 대해 이를 의심할만한 충분한 이유가 있고 다른 방법으로는 그 범죄의 실행을 저지하거나 범인의 체포 또는 증거의 수집이 어려운 경우에 한하여 허가할 수 있도록 하고 있다.

2) 예비·음모죄 처벌의 백화점: 국가보안법

그런데 예비·음모행위를 처벌하는 형사특별법의 결정판은 국가보안법이라고 할 수 있다. 이 법은 반국가단체 구성·가입죄(제3조 제1항)의 예비·음모에 있어서 수괴, 간부 등의 단순 가입행위의 예비 또는 음모행위를 2년 이상의 유기징역으로, 기타 그 이외 자의 단순 가입행위의 예비 또는 음모행위를 10년 이하의 유기징역으로 처벌한다. 목적수행죄(제4조 제1항)에서는 기본범죄의 경중에 따라 예비와 음모를 2년 이상의 유기징역과 10년 이하의 유기징역으로 처벌한다. 반국가단체나 그 구성원 또는 그 지령을 받은 자를 자진하여 지원하는 행위를 처벌하는 자진지원죄(제5조 제1항)의 예비·음모는 10년 이하의 징역으로 처벌한다. 아울러 잠입·탈출죄에 있어서 제6조 제1항은 국가의 존립·안전이나 자유민주적 기본질서를 위태롭게 한다는 정을 알면서 반국가단체의 지배하에 있는 지역으로부터 잠입하거나 그 지역으로 탈출하려는 예비와 음모를 7년 이하의 징역으로, 제2항은 반국가단체나 그 구성원의 지령을 받거나 받기 위하여 또는 그 목적수행을 협의하거나 협의하기 위하여 잠입하거나 탈출하려는 예비·음모를 2년 이상의 징역으로 처벌한다. 나아가 국가의 존립·안전이나 자유민주적 기본질서를 위태롭게 한다는 정을 알면서 반국가단체나 그 구성원 또는 그 지령을 받은 자의 활동을 찬양·고무·선전 또는 이에 동조하거나 국가변란을 선전·선동하는 행위를 목적으로 하는 단체를 구성하거나 이에 가입하는 행위를 처벌하는 찬양·고무목적 단체구성·가입죄(제7조 제3항)의 예비·음모를 7년 이하의 징역으로 처벌하고 있다. 또한 총포·탄약·화약 기타 무기를 제공하는 편의제공죄(제9조 제1항)의 예비·음모를 5년 이상의 유기징역으로 처벌한다.

3) 형법 제28조와 형사특별법상 예비·음모규정의 상관성

형법총칙에서 예비·음모규정을 폐지해야 하는 것은 형법각칙상의 예비·음모규정과 현재 규범력을 유지하고 있는 각종 형사특별법상 예비·음모죄를 정비해야 하는 이유 때문만은 아니다. 그것은 앞으로도 다양한 형사특별법을 제정하거나 개정하는 과정에서 입법자들이 사회적 요청에 직면하여 정치적으로 예비·음모규정을 성문법전의 벌칙조항에 포함하는 것을 방지하기 위한 차원에서도 필요한 문제라고 할 수 있다. 범죄구성요건을 창설하려면 특정범죄가 사회적 비난과 관심의 대상이 되거나,[76] 국익과 국가안보에 직결되는 사안이기 때문에,[77] 혹은 심각한 사회문제이자 국가경제의 기반을 뒤흔들고 기승을 부리는 것에 대한 법적 제한과 통제

---

76) 이와 관련하여 지난 1992년 7월 22일, 당시 민주당 제안으로 마련된 성폭력행위의처벌과피해자보호등에관한법률(안) 제3조 제7항, 제4조 7항 등에서는 형법에서 처벌하지 아니하는 특수강간, 특수강제추행죄의 예비음모행위를 처벌하는 규정을 두고 있었으나 무산된 바 있다.

77) 2009년 한나라당 역시 기밀누설 등 군사기밀 침해와 관련된 죄의 처벌을 강화하는 '군사기밀보호법' 개정안을 발의하면서 군사기밀 침해와 관련하여 예비음모자도 처벌하도록 하는 내용을 담고 있었으나 국회를 통과하지 못하였다.

의 필요성이 있다는 점에는 일면 수긍이 간다.[78] 그러나 입법의 필요성만을 제기하여 손쉬운 수단으로 예비·음모 단계에 대한 처벌규정을 양산하는 것은 나무는 보되, 숲을 보지 못하는 근시안적인 입법관행으로서 이러한 태도는 입법자의 자질을 의심하게 만드는 점이라는 사실을 직시해야 한다. 따라서 실행을 착수한 후 미수단계에서도 적절히 규제할 수 있는 범죄를 무리하게 예비·음모단계로 처벌의 범위를 확장하려는 태도는 경계해야 하며, 이러한 경계의 단서는 형법 제28조 규정을 폐지하는 것으로부터 시원(始原)해야 할 것이다.

6. 정비방안

1) 총칙규정의 삭제

법무부의 형법일부개정안(2010) 제30조에서는 "범죄의 예비 또는 음모행위가 실행에 착수하지 않은 때에는 법률에 특별한 규정이 없는 한 벌하지 않는다."라고 규정하고 있으며, 형법개정연구회 시안(2008)은 예비·음모규정을 "범죄를 예비·음모하고 실행의 착수에 이르지 아니한 때에는 법률에 특별한 규정이 있는 경우에 한하여 처벌한다(시안 제28조 제1항). "라고 개정할 것을 제안하고 있다. 그러나 총칙상 예비·음모죄 규정인 현행 형법 제28조는 삭제하는 것이 바람직하다. 만일 이 규정을 삭제하지 아니하면 형법각칙은 물론 앞으로도 다양한 형사특별법이 제정되거나 개정될 경우, 형사정책적 목적을 앞세워 무분별하게 예비·음모죄 규정을 양

---

78) 2009년 한나라당은 보험범죄 근절을 위한 형법, 보험업법, 특정경제범죄가중처벌등에관한법률 개정안을 국회에 제출하였다. 이 개정안은 형법개정을 통하여 보험사기자에 대한 처벌 조항을 신설하고, 보험사기의 예비·음모 행위에 대한 처벌을 골자로 하는 것이었다. 그러나 이 또한 개정은 불발로 그치게 되었다.

산하는 인큐베이터가 된다는 점에서 이 규정은 폐기되어야 한다.

2) 각칙상 예비·음모죄 규정의 비범죄화

아울러 각칙상 도주원조 및 간수자 도주원조의 예비·음모와 일수죄 예비·음모, 교통방해죄 예비·음모 및 음용수죄 예비·음모죄는 다른 국가들과의 비교법적 관점에서 볼 때 우리나라에 특유한 예비·음모처벌 규정이다. 그런데 우리나라에서 이들 기본범죄의 위험성이 다른 나라들에 비해 상대적으로 더 크게 부각되는 것은 아니다. 이러한 범죄의 심각성이 더욱 두드러진 경우라면 몰라도 1953년 형법제정 이후 상징적 의미만 존재하는 범죄의 예비·음모행위가 처벌된 사례는 전무하거나 희소하다는 점에서 굳이 이러한 범죄의 예비·음모규정을 형법에 두고 있다는 것은 납득하기 어려운 부분이다. 따라서 이들 개별범죄의 경우 음모죄는 물론 예비죄 역시 비범죄화하는 것이 타당하다.

3) 각칙상 예비죄 법정형의 조정

범죄의 예비행위를 처벌하더라도 법정형의 제한방식을 재검토하여 그 조정이 필요하다. 예비죄 법정형 조정방안에 대해서는 기본적으로 처벌의 상한을 제한하는 방식으로 개별범죄의 법정형을 고려하여 각 개별 조문단위로 예비죄를 규정하는 것이 바람직하다.[79]

먼저 살인죄와 강도죄에 있어서는 다른 나라와의 경우를 비교할 때 상대적으로 지나치게 무거운 법정형을 두고 있다. 특히 우리 형법은 살인 예비·음모가 10년 이하(제255조)로, 강도예비·음모는 7년 이하로 규정되어 있으나(제343조), 일본의 경우는 살인예비(제199조), 강도예비(제237조) 모두 2년 이하의 징역으로 규정하고 있다.

---

79) 김혜경, 앞의 보고서, 110~112면.

방화죄는 독일을 제외하고 우리나라(제175조), 일본(제113조), 오스트리아(제169조), 스위스(제221조) 모두 그 위험성을 고려하여 예비 내지 음모를 처벌하고 있으며 상한을 제한하는 방식에서는 동일하나 다른 나라와 비교할 때 5년 이하의 징역에 처하도록 되어 있어 그 처벌의 정도가 무겁다. 통화위조나 유가증권위조의 예비·음모에 있어서 전자의 경우는 우리나라(제213조)와 독일(제149조), 일본(제153조)이 처벌을 하고 있고 후자는 우리나라(제224조)와 독일(제149조)만이 처벌을 하고 있으나 독일의 경우는 자유형 이외에 벌금형을 선택적으로 부과하고 있다는 점에서 양형상 법관에게 재량권을 줄 수 있도록 우리나라에 있어서도 이를 고려할 필요가 있다.

내란죄의 경우에는 우리나라와 독일, 일본에 각 예비·음모를 처벌하는 규정이 있다. 그런데 우리나라에 있어서는 순수한 내란죄에 부수되는 범죄행위에 대해 포괄적으로 3년 이상의 유기형을 규정하고 있으나 독일과 일본은 내란죄에 대한 예비 내지 음모를 처벌하되 1년 이상 10년 이하의 유기형으로 처벌하고 있다. 외환죄의 예비·음모 역시 우리나라는 지나치게 포괄적으로 처벌범위를 확대하고 있으나, 이에 대한 규정을 두고 있는 오스트리아나 일본은 각각 상한을 두어 제한하고 있다.

Ⅳ. 맺음말

우리나라의 형법전을 두고 '누더기 법전'이라고 폄하하는 혹평이 있다. 그것은 국가의 형사기본법령인 형법이 기본법으로서의 위상을 제대로 수립하지 못하고 각종 특별법에 의하여 지속적으로 형해화되어 왔던 지나간 형법사의 이면을 들여다보면 납득이 가는 일이다. 더욱이 형법이 일정부분 윤리적 색체를 담고 있어야 한다는 점에서는 공감하지만 그것이 주관주의로 경도되는 것은 형법규범의 유명무실화를 가속시킬 따름이다. 형법상 음모행위의 처벌 역시 이러한 맥락에서 이해되는 것이다.

범죄에 대해서는 기수범 처벌을 원칙으로 해야 하며, 특히 내면적 범죄의사를 외부적으로 인식한다는 것은 결코 간단한 문제가 아니며 실지로 이를 범죄구성요건에 적용한다는 것 자체도 쉽지 않기 때문에 음모행위에 대한 처벌은 심정형법에 속한다. 그럼에도 불구하고 우리나라의 경우 예비와 음모를 하나로 포괄하여 처벌하고 있으며, 이러한 태도는 스스로 형법의 심정성을 자인하는 결과가 된다. 따라서 총칙 조문에서 예비·음모에 대한 처벌규정은 삭제하는 것이 바람직하다. 나아가 범죄를 저지르기 위한 준비단계를 처벌하더라도 법익보호가 특히 중요한 범죄의 예비행위에 국한해야 할 뿐만 아니라, 다수의 사람들에게 치명적인 영향을 줄 수 있는 범죄에 한정되어야 한다. 그러므로 내란이나 외환 및 생명침해 등과 같이 중요범죄의 예비행위로 처벌의 범위는 제한되어야 하고, 이론상으로 가능하지만 현실적으로 예비가 범죄의 실행착수에 도달하기 어려운 범죄들에 대해서는 이를 과감히 비범죄화해야 한다. 아울러 예비죄로 처벌하더라도 법정형의 제한방식을 재검토하여 과도하게 처벌되는 부분은 비교법적 관점에서 분석하여 합리적으로 조정해야 할 것이다.

마지막으로 57년만에 검토되는 형법의 전면개정에 있어서 형사입법자들에게 형법학자가 아닌 주권자의 한 사람으로 고언(苦言)하고자 한다. 21세기를 살아가는 우리 국민은 결코 지나간 과거 국가혼란기의 민초(民草)가 아니라는 사실과 국격(國格)에 걸맞은 형법전을 가질 권리가 국민에게 있음을 형법개정을 실현하는 과정에서 형사입법자들이 항상 염두에 두고 잊지 않기를 희망한다.

주요 국가별 형법상의 예비·음모죄 처벌 규정

국가 죄목	대한민국	독일	오스트리아	스위스	일본
내란 의 죄	제90조 내란, 내란목적살인 예비·음모·선전· 선동 3년 이상 유기징역 또는 유기금고	제83조 (내란예비) 1년 이상 10년 이하 의 자유형(중지하 아 니한 경우: 1년 이상 5년 이하 자유형)			제78조 내란죄 예비·음모 1년 이상 10년 이 하 금고
외환 의 죄	제101조 외환죄 예비·음 모·선전·선동 (외환유치, 여적, 모 병이적, 시설제공이 적, 시설파괴이적, 물 건제공이적, 간첩, 일 반이적) 2년 이상 유기징역		제103조 (외국세력에의 인도에 대한 음모) 6월 이상 5년 이하 자유형		제88조 외환유치 외환원조 예비·음모 1년 이하 징역
국교에 관한 죄	제111조 외국에 대한 사전 죄 예비·음모 3년 이하의 금고 또는 500만원 이하 벌금				제93조 私戰예비·음모 3월 이상 5년 이하 금고
폭발물 사용	제120조 폭발물 사용죄 예 비·음모·선동 (폭발물사용, 전시폭 발물사용) 2년 이상 유기징역	제310조 (폭발물 또는 방사 선범죄예비): 제1호 의 경우: 1년 이상 10년 이하 자유형. 제2호 및 제3호의 경우: 6월 이상 5년 이하의 자유형. 제4 호의 경우: 3년 이 하 자유형 또는 벌 금형	제173조 (폭발물에 의한 고의적 위험야기에 대한 음모) 6월 이상 5년 이하 자유형		
도주원조 /간수자 도주원조	제150조 도주원조 및 간수 자 도주원조죄 예 비·음모 3년 이하 징역				
방화	제175조 방화죄 예비·음모 (현주건조물방화, 공 용건조물 방화, 일반 건조물 방화, 폭발성 물건파열, 가스·전 기 등 방류, 가스·		제169조 (방화음모) 6월 이상 5년 이하 자유형	제260bis조 중 방화예비 (제221조) 5년 이하 자유형 또는 벌금형	제113조 현주건조물방화 (제108조) 비현주건조물방화 (제109조 제1항)예 비 2년 이하 징역

국가 죄목	대한민국	독일	오스트리아	스위스	일본
	전기 등 공급방해) 5년 이하 징역				
일수	제183조 **일수죄 예비·음모** (현주건조물 등 일수, 공용건조물 등 일수, 일반건조물 등 일수) 3년 이하 징역				
교통 방해	제191조 **교통방해죄 예비·음모** (기차, 선박 등 교통방해, 기차 등 전복) 3년 이하 징역				
음용수	제197조 **음용수죄 예비·음모** (음용수 사용방해, 수도 음용수 사용방해, 수도불통) 2년 이하 징역				
통화 위조	제213조 **통화위조죄 예비·음모** (행사목적 내국통화 위조, 변조, 행사목적 내국유통 외국통화 위조, 변조, 행사목적 외국통용 외국통화 위조, 변조) 5년 이하 징역	제149조 (통화위조예비) 5년 이하 자유형 또는 벌금형			제153조 (통화위조의 준비) 3월 이상 5년 이하 징역
유가증권 위조	제224조 **유가증권위조 등 죄 예비·음모** (유가증권의 위조 등, 자격모용에 의한 유가증권 작성, 인지·우표 위조 등) 2년 이하 징역	제149조 (우표·인지 등 위조예비) 2년 이하 자유형 또는 벌금형			
살인	제255조 **살인죄예비·음모** (살인, 존속살해 위계 등에 의한 촉탁살인 등)		제75조 (모살음모) 6월 이상 5년 이하 자유형	제260bis조 중 고살예비(제111조) 모살예비(제112조) 5년 이하 자유형	제199조 (살인예비) 2년 이하 징역

죄목\국가	대한민국	독일	오스트리아	스위스	일본
	10년 이하 징역			또는 벌금형 제260bis조 중 집단살인예비 (제264조) 5년 이하 자유형 또는 벌금형	
약취 유인	제289조 (국외이송을 위한 약취, 유인, 매매죄 예비·음모) 3년 이하 징역			제260bis조 중 인질죄 예비 (제185조) 5년 이하 자유형 또는 벌금형	제228조의3 (몸값약취 등 예비) 2년 이하의 징역
강도	제343조 (강도죄 예비·음모) 강도, 특수강도, 준강도, 인질강도, 강도상해치상, 강도살인치사, 강도강간, 해상강도 7년 이하 징역		제142조 (강도음모) 6월 이상 5년 이하 자유형	제260bis조 중 강도예비 (제140조) 5년 이하 자유형 또는 벌금형	제237조 (강도예비) 2년 이하 징역
침략전쟁		제80조 (침략전쟁예비) 무기 또는 10년 이하 자유형			
정보탐지 / 피싱예비		1년 이하 자유형 또는 벌금형			
공정증서 위조예비		2년 이하 자유형 또는 벌금형			
공갈적 약취음모			제102조 6월 이상 5년 이하 자유형		
노예매매 음모			제104조 6월 이상 5년 이하 자유형		
핵에너지 등에 의한 고의적 위험야기 음모			제171조 6월 이상 5년 이하 자유형		
공공위험 의 고의 초래음모			제176조 6월 이상 5년 이하 자유형		

국가 죄목	대한민국	독일	오스트리아	스위스	일본
항공기 납치음모			제185조 6월 이상 5년 이하 자유형		
항공교통 안전 고의 초래음모			제186조 6월 이상 5년 이하 자유형		
외국에서의 성매매 음모			제217조 6월 이상 5년 이하 자유형		
방사성 물질에 의한 범죄예비		(위의 폭발물 사용에 관한 죄의 예비와 함께 규정되어 있음)		제226ter조 (방사성물질에 의한 범죄예비) 구체적인 기술상의 예비 또는 조직상의 예비: 5년 이하 자유형 또는 벌금형(자유형에 대해서는 벌금 병과) 설비, 장치 또는 물건을 제조, 조달, 인도, 보관, 은닉 또는 운반: 10년 이하 자유형 또는 벌금형 (자유형에 대해서는 벌금 병과) 물질, 설비, 장치 또는 물건의 제조에 대하여 지침 제공: 5년 이하 자유형 또는 벌금형(자유형에 대해서는 벌금 병과)	
중상해 예비				제20bis조 중 중상해예비 (제122조) 5년 이하 자유형 또는 벌금형	
자유박탈 / 납치예비				제260bis조 중 자유박탈 및 납치예비 (제183조) 5년 이하 자유형 또는 벌금형	

현행 형법 및 개정시안의 예비·음모죄 법정형 비교

법익	범죄태양	조 문	현행 형법상 예비·음모의 법정형	형법개정연구회 개정시안(2010) 예비·음모의 법정형
개인	살인	살인죄 및 존속살인죄(제250조), 위계 등에 의한 촉탁살인죄(제253조)	10년 이하 징역	7년 이하 징역 또는 1천5백만원 이하 벌금
	약취유인80)	외국이송을 위한 약취·유인·매매 등 죄(제289조)	3년 이하 징역	3년 이하 징역
	강도81)	강도죄(제333조), 특수강도죄(제334조), 준강도죄(제335조), 인질강도죄(제336조), 강도상해치상죄(제337조), 강도살인치사죄(제338조), 강도강간죄(제339조), 해상강도죄(제340조)	7년 이하 징역	7년 이하 징역
사회	폭발물82)	폭발물사용죄(제119조 제1항), 전시폭발물 사용죄(제119조 제2항)	2년 이상 유기징역	5년 이하 징역
	방화 실화	현주건조물 방화죄(제164조 제1항), 공용건조물 방화죄(제165조), 일반건조물 방화죄(제166조제1항), 폭발성 물건파열죄(제172조 제1항), 가스·전기 등 방류죄(제172조의2 제1항), 가스·전기 등 공급방해죄(제173조 제1항)	5년 이하 징역	5년 이하 징역
	일수83)	현조건조물 일수죄(제177조), 공용건조물 일수죄(제178조), 일반건조물 일수죄(제179조 제1항)	3년 이하 징역	3년 이하 징역
	교통방해	기차·선박 등 교통방해죄(제186조), 기차 등 전복죄(제187조)	3년 이하 징역	3년 이하 징역
	음용수	음용수 독물혼입죄(제192조 제2항), 수도음용수 독물혼입죄(제193조 제2항), 수도불통죄(제195조)	2년 이하 징역	2년 이하 징역
	통화	내국통화 위조·변조죄(제207조 제1항), 내국유통 외국통화 위조·변조죄(제207조 제2항), 외국통용 외국통화 위조·변조죄(제207조 제3항)	5년 이하 징역	5년 이하 징역
	유가증권 등	유가증권 위조죄(제214조), 자격모용에 의한 유가증권 작성죄(제215조), 인지·우표 위조·변조죄(제218조 제1항)	2년 이하 징역	2년 이하 징역

법익	범죄태양	조 문	현행 형법상 예비·음모의 법정형	형법개정연구회 개정시안(2010) 예비·음모의 법정형
국가	내란	내란죄(제87조), 내란목적 살인죄(제88조)	3년 이상 유기징역 또는 유기금고	3년 이상 유기징역 또는 유기금고
	외환	외환유치죄(제92조), 여적죄(제93조), 모병이적죄(제94조), 시설제공이적죄(제95조), 시설파괴이적죄(제96조), 물건제공이적죄(제97조), 간첩죄(제98조), 일반이적죄(제99조)	2년 이상 징역	2년 이상 징역
	국교	외국에 대한 사전죄(제111조 제1항)	3년 이하 금고 또는 500만원 이하 벌금	3년 이하 징역이나 금고 또는 500만원 이하 벌금
	도주와 범인은닉	도주원조죄(제147조), 간수자의 도주원조죄(제148조)	3년 이하 징역	3년 이하 징역

---

80) 1992년 법무부개정안과 2008년 형법개정연구회 개정시안 모두 그 처벌대상을 확대하여 미성년자의 약취, 유인(형법 287조), 영리 등을 위한 약취, 유인, 매매 등(형법 제288조)의 예비, 음모까지 처벌하도록 하고 있다.
81) 1992년 법무부개정안에서는 법정형을 5년 이하의 징역으로 하향한 바 있다.
82) 현행 형법은 폭발물사용죄에 대해서만 예비·음모를 처벌하고 있으나 형법개정연구회 개정시안은 제6장 폭발물에 관한 죄의 구성요건을 구체적으로 세분화하여 폭발성물건파열죄, 가스·전기 등 방류죄, 가스·전기 등 공급방해죄로 규정하고 이에 따라 해당 범죄유형의 예비·음모를 확대하여 처벌하고자 한다.
83) 현행 형법은 일수수리죄에서 현주건조물 등에의 일수죄(제177조), 공용건조물 등에의 일수죄(제178조) 및 타인 소유의 일반건조물 등에의 일수죄(제179조 제1항)에 대한 예비·음모를 처벌하고 있으나, 개정시안에서는 공용건조물 등에의 일수죄의 삭제의견에 따라 해당 행위의 예비·음모 역시 제외되고 있다.

정상감경사유의 한정에 대한 비판

이상원*

종래 작량감경규정에 대한 비판은 오해에서 비롯되었거나 과장된 면이 많으며, 개정안 제49조의 정상감경규정은 종래의 작량감경규정보다 더 큰 문제점을 가지고 있고 위헌적인 요소마저 있다.

개정안에 대한 대안으로서 표제를 '작량감경'에서 '정상감경'으로 변경하고 이에 따라 내용을 수정하여 제1항으로 하며, 감경의 방법으로 법률상감경의 방법에 따라 할 수 있는 근거규정을 제2항으로 두는 안을 제시한다.

Ⅰ. 서론

1. 이 글의 내용

법무부가 2010. 10. 25. 입법예고한 형법 일부개정법률안(법무부 공고 제2010-216호, 이하 '개정안'이라 한다)은 형법 총칙의 많은 규정을 개정하는 내용을 담고 있다. 이 글은 그 중 현행법 제53조의 작량감경에 관한

---

* 서울대 법대 교수

규정을 정상감경이라 하여 그 내용을 변경하고 제49조에 위치시킨 부분에 관하여 검토한다.

2. 개정안의 내용

이 부분 개정안의 내용은 다음과 같다.

현행	법무부 개정안
제53조 (작량감경) 범죄의 정상에 참작할 만한 사유가 있는 때에는 작량하여 그 형을 감경할 수 있다.	제49조(정상감경) ① 범죄의 정상에 참작할 만한 다음 각 호의 어느 하나에 해당하는 사유가 있는 때에는 그 형을 감경할 수 있다. 다만 다음 각 호의 사유가 여러 개 있더라도 거듭 감경할 수 없다. 1. 범행의 동기에 참작할 만한 사유가 있는 경우 2. 피해자가 처벌을 원하지 않는 경우 3. 피고인의 노력에 의하여 피해자의 피해의 전부 또는 상당 부분이 회복된 경우 4. 피고인이 자백한 경우 ② 제48조 제1항은 정상감경에 이를 준용한다.

위 개정안은 종래의 작량감경규정은 (i) 형법이 죄형법정주의에 따라 미리 정해놓은 형벌의 범위가 법관의 양형재량에 의해 좌우되어 법률효과를 불분명하게 하고, (ii) 유력 변호사 선임 여부 등에 따라 작량감경규정 적용 여부가 달라지기도 하는 등 "전관예우"를 부추긴다는 비판이 있다고 하면서, 그 개선방안으로 정상감경사유를 구체화하여 법관의 양형재량을 제한할 수 있도록 하는데 그 취지가 있다고 한다.[1] 즉, 현행법은 법관에게 지나치게 많은 양형재량을 부여함으로써 죄형법정주의를 침해하고 전관예우를 부추긴다는 문제점이 있다고 진단한 토대 위에서, 이를 개선하기 위해서는 법관의 양형재량을 제한하여야 한다는 목표를 설정하

---

1) 법무부 개정안 전문 참조. 이 개정안은 http://www.moj.go.kr/HP/COM/bbs_04/ShowData.do 에서 구할 수 있다(2010. 12. 18. 검색).

고, 그 수단으로 정상감경사유를 제한하자는 방법을 제시한 것이다.

개정안 제49조 제1항 단서는 "다만 다음 각 호의 사유가 여러 개 있더라도 거듭 감경할 수 없다."는 내용인데, 현행법에는 그와 같은 명문규정이 없다. 그러나 현행법하에서도 작량감경은 1회에 한하여 허용되고 정상 하나하나에 거듭 작량감경하지는 않는 것으로 운용되고 있다.[2) 그러므로 이 부분 추가내용은 현행법과 다르지 아니하다.

한편 개정안 제49조 제2항은 "제48조 제1항은 정상감경에 이를 준용한다."는 내용이고 개정안 제48조 제1항은 법률상의 감경에 관한 규정으로서 현행법 제55조에 대응하는 규정인데, 이 부분도 현행법에는 명문규정이 없다. 그러나 현행법에서도 작량감경을 함에 있어서 그 구체적 방법은 법률상의 감경에 관한 제55조에 따라 이루어지는 것으로 해석·운용되고 있다.[3) 그러므로 이 부분의 추가내용도 현행법과 다르지 않다.[4)

그러므로 개정안의 핵심내용은, (i) 현행법이 '작량감경'이라는 명칭을 사용하는데 비하여 '정상감경'이라는 명칭을 사용한다는 점과 (ii) 현행법이 작량감경사유를 특별히 제한하지 아니하고 "범죄의 정상에 참작할 만한 사유"라고만 규정하여 법원이 모든 정상을 종합하여 고려할 수 있도록 포괄적으로 규정하고 있는데 비하여 개정안에 규정한 4가지 사유만을 고려하도록 사유를 한정적으로 열거한다는 점에 있다고 할 수 있다.

---

2) 대법원 1964. 4. 7. 선고 63도410 판결.

3) 사법연수원, 형사판결서작성실무, 2010, 180쪽 [이하 '연수원, 작성실무'].

4) 다만, 개정안은 법률상의 감경에 관한 현행법 제55조를 제48조로 개정하면서, 최근 형법의 개정(2010. 4. 15.)으로 유기형의 상한이 기본적으로 30년, 가중되는 경우 50년으로 상향조정되는 점을 고려하고 형종을 변경하는 개정안에 맞추며, 사형과 무기형의 감경시에 선택되는 유기형의 상한을 기본형이 아닌 가중형으로 하는 내용을 제시하고 있는데, 이에 따라 작량감경(개정안의 정상감경)의 내용에도 다소의 변경이 생기게 된다.

Ⅱ. 작량감경제도에 관한 종래의 비판적 견해들

1. 서언

작량감경을 규정한 형법 제53조는 제정형법부터 규정되어 현재에 이르고 있다. 이 제도의 특색은 법률상의 감경사유가 없는 경우에도 법원이 재량으로 법정형을 감경할 수 있다는 데에 있다. 제정형법에서부터 작량감경은 법원의 재량에 속하는 것으로 이해하여 왔고[5] 이 토대위에서 오랜 동안 양형실무가 이루어져 왔다. 현재 작량감경제도는 우리 양형실무에 확고하게 자리잡은 제도의 하나가 되었다.

그런데 현행 작량감경제도에 대하여 비판적인 견해들이 존재한다. 아래에서는 그러한 견해들이 제시하는 현행 작량감경제도의 문제점을 보기로 한다.

2. 현행 작량감경제도에 대한 비판

논자들마다 비판의 내용에 다소간의 차이가 있지만, 대체로 아래와 같이 정리할 수 있다.

첫째, 작량감경제도는 죄형법정주의와 책임주의를 훼손한다는 비판이다. 그 이유는 형법 제53조는 작량감경의 방법에 대하여 구체적으로 명시하고 있지 않은데 판례와 학설은 이를 자유재량으로 보고 법률상감경과 동일한 수준에서 할 수 있다고 보고 있기 때문이라고 한다.[6] 법관이 형법

---

5) 대법원 1985. 2. 26. 선고 84도2732,84감도429 판결(「형법 제53조에 의하여 작량감경을 하는 여부는 원심의 자유재량에 속하는 것이므로 원심이 작량감경하지 아니하였다 하여 위법하다고는 할 수 없」다고 판시).

6) 허일태, "현행법상 작량감경제도의 문제점과 개선방안", 형사법연구 제22권

제51조에 따라 양형한 결과가 법정형에 대하여 법률상 가중·감경을 한 처단형의 범위에 들어오지 않을 경우 이를 수정하는 수단으로 이용되고 있다는 점에서 형법의 법률효과를 불명확하게 하고 피고인이나 검찰측의 예측가능성을 저해한다는 비판[7]도 같은 맥락에 있는 것이라고 생각된다. 앞서 본 개정안의 작량감경에 대한 비판 (i)[8]은 이 첫째 비판에 관련된다.

둘째, 작량감경제도는 법관이 피고인에게 은혜를 베푼다고 하는 권위주의적 사고가 반영된 것이라는 비판이다.[9] 이는 우리 작량감경제도가 천황제국가인 일본에서 유래한 것으로 보고 그러한 연유로 천황의 긴 팔인 법관이 피고인에게 은혜를 베푼다는 권위주의적 사고가 반영된 것이라고 이해하는 것[10]으로 생각된다.

셋째, 작량감경제도는 구체적 요건을 요구하지 않고 법관에게 광범위한 재량을 부여하는 것으로서 남용의 우려가 있다는 비판이다.[11] 형법 제53조가 너무 포괄적이고 추상적이라는 비판[12]이나 양형판단이나 작량감경은 법관의 자유재량행위가 아니라 기속재량에 불과한 것이라는 지적[13]도 같은 취지로 보인다. 작량감경제도의 문제점으로 전관예우를 든 개정안의 비판 (ii)[14]는 이 셋째 비판과 연관된다.

넷째, 작량감경을 법률상감경의 방법에 따라서 감경한다면 양자는 감

제2호(통권 제43호, 2010. 6.), 285쪽 [이하 '허일태, 작량감경'].

7) 허일태, 작량감경, 285쪽.

8) 위 I.2. 참조.

9) 허일태, 작량감경, 285쪽; 오영근, 형법총론(보정판), 박영사(2007), 775쪽 [이하 '오영근, 형법총론'].

10) 허일태, 작량감경, 285, 288~291쪽.

11) 오영근, 형법총론, 775쪽.

12) 노명선, "실무운영을 통하여 본 작량감경규정의 비판적 고찰 및 개선방안", 형법총직 개정 공청회 자료집, 법무부(2010. 8. 25.), 85쪽 [이하 '노명선, 공청회자료'].

13) 허일태, 작량감경, 285쪽.

14) 위 I.2. 참조.

경범위에 있어 차이를 인정할 수 없게 되고, 이렇게 되면 법률상감경사유의 의미가 퇴색되기 때문에 바람직하지 못하다는 비판이다.[15]

다섯째, 작량감경사유와 양형의 조건이 구별되지 않는다는 비판이다.[16] 하나의 감경적 고려사항이 언제 단순한 양형사유에 불과한 것으로 되고 언제 법률상감경사유와 동일한 효과를 나타내는 작량감경사유가 되는지 불명확하다는 비판[17]도 같은 취지이다.

여섯째, 법정형과 실무현실의 괴리에 관한 비판이다. 실무현실을 보면 법관들이 작량감경을 지나치게 널리 적용하여 선고형이 법정형의 하한에 집중되어 있다는 점이 지적되고 있고,[18] 이는 다시 입법자로 하여금 일반예방차원에서 지나친 중형주의 법정형을 형성하게 하는 빌미를 주었다는 것이다.[19]

일곱째, 형법 제56조에 따라 형을 가중 감경함에 있어서 작량감경을 제일 뒤에 하기 때문에 누범이나 경합범 등 법률상 가중요소가 사실상 양형에 그다지 영향력을 발휘하지 못한다는 비판이다.[20] 이는 법률상가중사유로 형이 가중되더라도 다시 최종적으로 작량감경이 되기 때문에 결국 가중이 무의미해진다는 취지로 보인다.

---

15) 손동권, "양형합리화를 위한 기초로서의 법률상 형가감체계", 형사정책연구 제18권 제3호(통권 제71호, 2007년 가을), 416쪽 [이하 '손동권, 형가감체계'].
16) 노명선, 83쪽.
17) 손동권, 형가감체계, 416쪽.
18) 오영근, 형법총론, 775쪽. 작량감경과 관련하여 보다 의미 있는 현실은 많은 경우에 있어 법정형보다 아래 그것도 작량감경한 처단형의 하한에 집중되어 있다는 데에 있다. 노명선, "실무운영을 통하여 본 작량감경규정의 비판적 고찰 및 개선방안", 형법총직 개정 공청회 자료집, 법무부(2010. 8. 25.)도 실무운영에 있어서 법정형의 최하한보다 낮추어 선고하기 위하여 작량감경규정이 이용되고 있다고 하면서, 오영근 교수님의 위 지적은 작량감경규정이 양형관대화의 원인임을 지적하는 것으로 이해된다고 한다.
19) 허일태, 작량감경, 285쪽.
20) 노명선, 공청회자료, 84쪽.

3. 비판론이 제시하는 대안들

현행제도를 비판하는 입장들이 제시한 대안들에는 다음과 같은 것들이 있다.

1) 작량감경폐지론

작량감경제도를 아예 폐지하여야 한다는 견해이다.[21] 이 견해는 위와 같은 비판에 더하여, (i) 형법이 경합범에 대하여 병과주의가 아닌 가중주의를 취하고 있으므로 작량감경제도를 폐지하더라도 처단형이 너무 높아질 염려는 그리 많지 않다는 점, (ii) 과도한 법정형으로 인한 문제점은 입법에 의해 시정해야 할 사항이고 작량감경에 의해 시정할 사항이 아니라는 점을 그 근거로 제시한다.[22]

2) 법률상감경사유로 전환하자는 견해

작량감경제도를 폐지하는 대신 그 사유를 제한하여 법률상감경으로 전환하자는 견해이다.[23] 이 견해는 법률상감경사유로 전환함으로써 (i) 이에 대한 주장이 있을 경우 판결문에 의무적으로 판단을 명시하고 법령위반의 상소이유로 상소심의 통제를 가능하게 한다는 점, (ii) 경합범가중보다 앞서 판단함으로써 경합범가중의 취지를 살릴 수 있다는 점을 내세우고 있다.[24]

이 견해의 구체적 개정안은 아래와 같다.

---

21) 오영근, 형법총론, 775쪽.
22) 오영근, 형법총론, 775쪽.
23) 노명선, 공청회자료, 114~118쪽.
24) 노명선, 공청회자료, 114~118쪽.

현행	2) 견해
제53조 (작량감경) 범죄의 정상에 참작할 만한 사유가 있는 때에는 작량하여 그 형을 감경할 수 있다.	제53조(정상감경) ① 범죄의 정상에 참작할 만한 다음 각 호의 어느 하나에 해당하는 사유가 있는 때에는 그 형을 감경할 수 있다. 다만 다음 각 호의 사유가 여러 개 있더라도 거듭 감경할 수 없다. 1. 피고인의 행위불법에 비해 법정형이 훨씬 중한 경우 2. 피고인의 갱생과 장래 사회생활에 영향을 고려하여 특히 감경할 필요가 있는 경우 ② 정상감경을 하는 경우에는 제55조 제1항의 규정을 준용한다.
제56조(가중감경의 순서) 형을 가중감경할 사유가 경합된 때에는 다음 순서에 의한다. 1.~5. (생략) 6. 작량감경	제56조(가중경감의 순서) 형을 가중경감할 사유가 경합된 때에는 다음 순서에 의한다. 1.~5. (현행과 같음) 6. (삭제)

3) 작량감경사유를 제한적으로 열거하자는 견해

작량감경사유를 제한하여 열거한 다음 이 사유만을 고려하도록 하자는 견해이다.[25] 법무부 개정안은 이 견해의 범주에 속한다. 아래 안은 법무부 개정안에 비하여 제5호와 제6호가 더 있는 내용이다.

현행	3) 견해
제53조 (작량감경) 범죄의 정상에 참작할 만한 사유가 있는 때에는 작량하여 그 형을 감경할 수 있다.	제53조(정상감경) ① 범죄의 정상에 참작할 만한 다음 각 호의 어느 하나에 해당하는 사유가 있는 때에는 그 형을 감경할 수 있다. 다만 다음 각 호의 사유가 수개 있더라도 거듭 감경할 수 없다. 1. 범행의 동기에 참작할 만한 사유가 있는 경우 2. 피해자가 처벌을 원하지 않는 경우 3. 피고인의 노력에 의하여 피해자의 피해의 전부 또는 상당 부분이 회복된 경우 4. 피고인이 자백한 경우 5. 피해자가 범죄를 유발한 경우 6. 형에 비추어 범행이 특히 경미한 경우

---

25) 노명선, 공청회자료, 111~112쪽 참조.

4) 작량감경사유를 열거하되 포괄적 사유를 두는 견해

현행법이 작량감경사유를 구체적으로 열거하지 않은 것을 개정하여 구체적으로 열거하되 포괄적인 사유를 두자는 견해이다.[26] 아래는 그 하나로 제시된 안이다.[27] 포괄적 사유를 두는 경우에도 진정한 포괄적 사유를 두는 방안, 예컨대 「기타 이에 준하는 사유가 있는 경우」를 규정하는 방안[28]과 부진정한 포괄적 사유를 두는 방안, 즉 포괄적 사유에 일정한 제한을 가하는 방안이 있을 수 있다. 아래 안은 후자에 속한다.

현행	4) 견해
제53조 (작량감경) 범죄의 정상에 참작할 만한 사유가 있는 때에는 작량하여 그 형을 감경할 수 있다.	제53조(정상감경) ① 범죄의 정상에 참작할 만한 다음 각 호의 어느 하나에 해당하는 사유가 있는 때에는 그 형을 감경할 수 있다. 다만 다음 각 호의 사유가 수개 있더라도 거듭 감경할 수 없다. 1. 피해자가 처벌을 원하지 않는 경우 2. 피고인의 노력에 의하여 피해자의 피해의 전부 또는 상당 부분이 회복된 경우 3. 피고인이 자백한 경우 4. 기타 이에 준하는 범행의 동기, 방법에 있어 특히 참작할만한 사유가 있는 경우 ② 제55조 제1항의 감경규정은 정상감경에 이를 준용한다.

5) 작량감경사유를 포괄적으로만 규정하는 견해

작량감경사유를 구체적으로 개별화하지 않는 현행법의 입장을 유지하면서, 개선안을 제시하는 견해이다.[29] 아래는 그 구체적인 내용이다.

---

26) 2010. 8. 25. 법무부가 주최한 형법총칙 개정 공청회에서 토론자로 나선 손철우 판사가 포괄적 사유의 규정을 지지하고 있다. 손철우, "작량감경규정 개선 방안에 관한 지정토론문", 형법총칙 개정 공청회 자료집, 법무부(2010. 8. 25.), 139쪽 [이하 '손철우, 토론문'].

27) 노명선, 공청회자료, 112쪽.

28) 손철우, 토론문, 139쪽.

현행	5) 견해
제53조 (작량감경) 범죄의 정상에 참작할 만한 사유가 있는 때에는 작량하여 그 형을 감경할 수 있다.	제53조(작량감경) ① 형의 하한이 정상에 비추어 중하다고 인정되는 때에는 작량하여 형을 감경할 수 있다. ② 법률상 형을 가중하거나 감경하는 경우에도 작량감경을 할 수 있다.

Ⅲ. 비판적 견해 및 대안에 대한 검토

1. 서언

위에서 본 비판들은 일견 경청할만한 점이 있다. 그러나 거기에는 왜곡되거나 과장된 점이 있으며, 무엇보다 위 1)~4)의 견해와 같이 작량감경제도를 폐지하거나 작량감경사유를 제한함으로써 문제를 해결하고자 하는 시도는 적절하지 아니하거나 유해하다.

2. 비판내용에 대한 검토

앞서 II.2.에서 본 현행제도에 대한 비판들을 차례로 살핀다.

첫째, 죄형법정주의와 책임주의의 문제이다.

이 비판은 우선 법률에 정한 형을 법관이 자유재량에 의하여 법률에 명시되지 않은 방법으로 변경할 수 있다는 점에서 죄형법정주의에 반한

---

29) 이천현/김혜정, 양형관련규정의 정비방안, 형사정책연구원(2006), 78쪽 [이하 '이천현, 정비방안'].

다는 취지로 이해되고, 이는 죄형법정주의의 명확성의 원칙을 염두에 둔 것으로 보인다. 우리 헌법 제12조와 제13조에 근거를 둔 죄형법정주의는 명확성의 원칙을 그 파생원칙의 하나로 하고 있는데 이는 법률이 처벌하고자 하는 행위가 무엇이며 그에 대한 형벌이 어떠한 것인지를 누구나 예견할 수 있고 그에 따라 자신의 행위를 결정할 수 있도록 구성요건을 명확하게 규정하는 것을 의미하지만, 다소 광범위하여 법관의 보충적인 해석을 필요로 하는 개념을 사용하였다고 하더라도 통상의 해석방법에 의하여 건전한 상식과 통상적인 법감정을 가진 사람이면 당해 처벌법규의 보호법익과 금지된 행위 및 처벌의 종류와 정도를 알 수 있도록 규정하였다면 처벌법규의 명확성에 배치되는 것이 아니다.[30] 그런데 (i) 작량감경은 법정형 또는 가중·감경된 형의 최하한보다 가볍게 하는 경우에 하고,[31] (ii) 형법 제38조 제1항 제2호에 의하여 징역형과 벌금형을 병과하는 경우에는 징역형에만 작량감경을 할 수 있지만, 1죄에 대하여 징역형과 벌금형을 병과할 경우에는 특별한 규정이 없는 한 양쪽 모두에 대하여 감경하여야 하며,[32] (iii) 작량감경은 모든 정상을 종합하여 1회에 한하여 감경할 수 있을 뿐 정상 하나하나에 거듭 감경할 수 있는 것은 아니고,[33] (iv) 무기징역형을 작량감경하는 경우 경합범가중사유나 누범가중사유가 있다고 하더라도 본래의 상한을 넘어 징역형을 선고할 수 없다[34]는 등 작량감경을 함에 있어 적용되는 여러 원칙들을 제시하는 판례들이 형성되어 있다. 이러한 판례들은 형법 제53조에 대한 해석기준을 제시하고 있다. 더구나 죄형법정주의는 국가의 형벌권으로부터 국민의 권리를 보장하려는 것이어서 피고인에게 유리한 경우에는 보다 완화되어 적용된다.[35] 현

---

30) 헌재 2005. 6. 30. 선고 2002헌바83 결정.
31) 대법원 1991. 6. 11. 선고 91도985 판결.
32) 대법원 2009. 2. 12. 선고 2008도6551 판결; 대법원 2006. 3. 23. 선고 2006도1076 판결; 대법원 1997. 8. 26. 선고 96도3466 판결.
33) 대법원 1964. 4. 7. 선고 63도410 판결.
34) 대법원 1992. 10. 13. 92도1428 전원합의체 판결.

행 작량감경규정이 명확성의 원칙에 반한다고 하기는 어렵다.

다음 책임주의를 훼손한다는 비판은 책임에 합당한 형을 부과하여야 하는데 작량감경을 통하여 너무 가벼운 형이 부과됨으로써 책임에 상응한 형벌을 부과할 수 없다는 취지로 이해된다. 실질적 죄형법정주의는 적정성의 원칙을 그 파생원칙의 하나로 파악하고 이에 따라 책임원칙에 따른 양형을 요구하고 있어 행위자의 책임에 상응하는 형벌만이 정당성을 가진다. 책임에 상응하는 형벌이 점의 형태로 존재하는가(점의 이론, Theorie der Punktstrafe) 아니면 폭의 형태로 존재하는가(폭의 이론, Schuldrahmentheorie)에 관하여 논의가 있지만, 책임원칙의 핵심은 이러한 책임에 상응하는 형벌이 반드시 부과되어야 한다는 취지가 아니라 그 형벌을 넘어서는 형벌을 부과할 수 없다는 제한에 있다. 이것이 바로 형벌제한으로서의 책임개념이며, 책임량에 미치지 않는 형벌이 허용된다는 것이다.[36] 따라서 가사 부당한 작량감경으로 인하여 죄에 비하여 가벼운 형이 선고되었다고 하더라도 이는 단순한 양형부당의 문제가 될 수는 있을지 몰라도 책임원칙이나 책임주의에 반하는 문제는 아니다.

둘째, 작량감경이 권위주의적인 제도인가의 문제이다.

우리 형법상의 작량감경제도 및 그 실무운용을 반드시 천황제에 근거한 권위주의적 산물로 이해할 필요는 없다. 우리 제도는 적절한 형량이 법정형을 벗어날 경우에 작량감경을 하는 것으로 책임주의를 실현하고자 하는 것이지 은혜로서 작량감경을 하는 제도로 운용되는 것이 아니며 일본에서도 작량감경과 은사는 구별되고 있다.[37]

---

35) 유리한 유추해석은 허용된다는 대법원 2004. 1. 27. 선고 2001도3178 판결 등 참조.

36) 이상원, 몰수의 제한법리에 관한 연구, 서울대학교 대학원(2004), 114쪽; 법원 행정처, 양형실무, 28쪽 참조.

37) 大塚 仁 外, 大コメンタール 刑法 第五卷 (第二版), 東京: 靑林書院(1999), 683頁 참조 [이하 '코멘타르 형법'].

셋째, 법관의 재량에 관한 문제이다.

앞서 본 바와 같이 우리 판례는 작량감경의 여부는 법원의 자유재량에 속하는 것이라고 판시한 바 있다.[38] 그러나 그렇다고 하여 법관이 임의로 작량감경 여부를 결정할 수 있다는 취지는 아니다.

일반적으로 행정청의 재량행위에 관하여 기속재량행위와 자유재량행위를 개념적으로 구별한다고 할 때, 기속행위나 기속재량행위는 그 행위의 법규에 대한 원칙적인 기속성으로 인하여 사법부가 사실인정과 관련 법규의 해석·적용을 통하여 일정한 결론을 도출한 후 그 결론에 비추어 행정청이 한 판단의 적법 여부를 독자의 입장에서 판정하는 완전심사방식에 의하게 되는데 반하여, 자유재량행위의 경우 행정청의 재량에 기한 공익판단의 여지를 감안하여 사법부는 독자의 결론을 도출함이 없이 당해 행위에 재량권의 일탈·남용이 있는지 여부만을 심사하는 한정심사방식에 의하게 된다는 차이가 있다.[39] 법치주의의 원리는 어떠한 공권력의 작용이 자유재량행위인 경우라도 그 행위에 부여된 재량권은 법이 허용한 재량권의 범위를 한계로 하여 행사되어야 하며(외적 한계), 또한 재량권의 외적 한계 내에서 행해지는 재량권행사라도 그것은 법이 재량권을 부여한 목적에 적합하여야 하고 헌법원칙과 조리상의 원칙을 준수하여야 함(내적 한계)을 요구하기 때문에 재량권의 일탈·남용 유무를 심사하게 되는 것이며,[40] 이러한 재량권의 일탈·남용 여부에 대한 심사는 사실오인, 비례·평등의 원칙 위배 등을 그 판단 대상으로 한다.[41]

이와 같이 재량이 완전한 자유를 의미하는 것이 아님은 양형재량의 경우에도 마찬가지이다. 법원도 양형의 조건에 관하여 규정한 형법 제51조의 사항은 널리 형의 양정에 관한 법원의 재량사항에 속한다고 해석하

---

38) 주 5의 대법원 84도2732,84감도429 판결.
39) 대법원 2001. 2. 9. 선고 98두17593 판결.
40) 헌재 2004. 10. 21. 2004헌마554 결정(재판관 김영일의 별개의견) 참조.
41) 대법원 2010. 9. 9. 선고 2010다39413 판결 참조.

면서도 이러한 사실심법원의 양형에 관한 재량도 범죄와 형벌 사이에 적정한 균형이 이루어져야 한다는 죄형균형 원칙이나 형벌은 책임에 기초하고 그 책임에 비례하여야 한다는 책임주의 원칙에 비추어 내재적 한계를 가진다고 이해하고 있어,[42] 양형재량을 무제약의 자유로 이해하지는 않고 있음이 분명하다.

형법 제53조가 명시하고 있지 않다고 하더라도 합리적인 해석으로 통하여 작량감경의 방법과 기준을 제시할 수 있다면, 합리적인 작량감경제도의 운용을 꾀할 수 있다. 양형재량 또는 작량감경재량의 남용은 제도 자체가 가져오는 문제가 아니라 제도운용자로서 구체적 사건을 판단하는 개개 법관의 판단이 가져오는 문제이다. 재량권을 일탈하거나 남용할 우려가 있다고 하여 재량권 자체를 박탈하는 것은 엉뚱한 처방을 하는 것이다. 행정청이 재량권을 일탈하거나 남용할 우려는 점점 커져가고 있지만, 여전히 행정청에게 재량권을 부여할 수밖에 없는 것이 현대행정의 특색인 것처럼, 법관이 양형재량을 일탈하거나 남용할 우려가 있다고 하더라도 여전히 양형재량은 부여되어야 한다.

개개 법관의 재량권을 일탈하거나 남용하는 것은 상소제도를 통하여 통제될 수 있다. 양형은 항소사유가 되며[43] 사형, 무기 또는 10년 이상의 징역이나 금고가 선고된 경우에는 상고사유도 된다.[44] 10년 이상이 선고되지 않은 경우라도 양형조건을 잘못 고려한 경우에는 법령위반으로서 상고사유가 된다.[45]

각 심급의 법관들이 모두 동시에 의도적으로 재량권을 일탈·남용하여 부적절한 양형에 이를 확률은 별로 없다. 각 심급의 여러 법관들이 동일하게 부적절한 양형에 이를 가능성이 있다 하더라도 이러한 경우는 법

---

42) 대법원 2008. 5. 29. 선고 2008도1816 판결.
43) 형사소송법 제361조의5 제15호.
44) 형사소송법 제383조 제4호.
45) 대법원 2008. 5. 29. 선고 2008도1816 판결.

원에 형성된 전반적인 양형감각이나 기준이 부적절하다는 것을 의미하는데, 이에 대한 통제를 위하여 양형기준제도가 시행되고 있다.

전관예우의 문제도 마찬가지이다. 예컨대, 동일한 범죄인데 전관변호사가 선임된 사건에는 작량감경을 하고 그렇지 않은 사건에는 작량감경을 하지 않아 양형에 차이가 날 수 있다는 우려인데, 가사 그렇다고 하더라도 이는 상소제도를 통하여 불균등한 양형을 시정하는 방법으로 해결함이 옳지 아예 작량감경을 하지 못하도록 하는 것은 타당하지 아니하다. 더구나 이미 시행되고 있는 양형기준에는 변호사 선임 여부를 양형요소로 고려하는 경우가 없으므로46) 양형기준에 의한 통제가 보다 효과적이다.

넷째, 법률상감경사유의 의미가 퇴색된다는 문제이다.

이는 법률상감경이 원칙으로서 정당하고 작량감경은 법률상감경과는 다르게 취급하여야 한다는 것을 은연중 전제하고 있는 것으로 보인다. 작량감경의 방법을 법률상감경과 같이 할 것인가, 아니면 법률상감경과는 다르게 할 것인가47)는 입법정책의 문제이다. 작량감경의 방법과 법률상감경의 방법이 같다고 해서 법률상감경의 의미가 퇴색된다고 할 수는 없다. 법률상감경이든 작량감경이든 각 정당한 근거와 필요성이 있으면 이를 채택하는 것이지 법률상감경사유를 의미 있게 하기 위하여 작량감경제도를 폐지하거나 작량감경을 하지 않는 것은 타당하지 아니하다.

다섯째, 양형의 조건과 구별되지 않는다는 문제이다.

작량감경은 법률상감경과 달리 특정한 사유가 있어 이를 이유로 감경하는 제도가 아니다. 양형은 행위요소와 행위자적 요소, 응보와 예방의

---

46) 양형위원회, 2010. 7. 15. 기준 양형기준 참조.
47) 예컨대, 유기형을 감경하는 경우 그 형기의 2/3 또는 1/3로 하는 방법.

모든 사정을 종합적으로 고려하여 내리는 전인격적인 판단이다. 형법 제51조가 규정한 양형의 조건도 이것만을 양형에서 고려하라는 취지는 아니며 위 조항에 규정된 사유는 반드시 고려하라는 취지이다.[48] 작량감경은 이러한 전인격적인 양형판단을 하여 당해 피고인에게 적절하다고 판단되는 형량이 법정형의 범위에 존재하지 아니할 때 법관에 의하여 재판상 법정형을 감경하는 제도이다. 형법 제53조가 작량감경사유를 "범죄의 정상에 참작할만한 사유"라고 포괄적으로 규정한 이유도 여기에 있다. 작량감경사유와 양형사유는 구별되지 아니함이 당연하다. 동일한 사유를 고려하여 양형을 하는 것이로되, 법정형을 수정할 필요가 있을 경우에 처단형의 범위를 조정하는 것이 작량감경이다.

   여섯째, 법정형과 실무현실의 괴리에 관한 문제이다.
   이러한 현상은 법원의 양형감각에 비추어 법정형이 지나치게 높은 범죄의 경우에 특히 두드러지게 나타난다. 일부특별법의 경우에는 입법자가 법원의 작량감경을 예상하여 작량감경을 하더라도 집행유예가 불가능한 수준의 형을 법정형으로 규정하였다는 의구심이 드는 경우마저 있다. 이러한 경우에는 법정형 자체가 범죄에 비하여 과도하게 중한 것이라는 평가가 가능하다.
   법정형과 법원의 양형관례에 괴리가 있는 경우 어느 쪽이 책임에 합당한 형벌양인지는 시각에 따라 다를 수 있다. 그러나 형사재판권을 포함한 사법권을 헌법으로부터 부여받은 법원은 양형에 관한 최고의 전문가이며 오랜 전통과 풍부한 경험을 가지고 있을 뿐만 아니라 국민의 양형에 대한 기대수준은 해방 이후 60여 년 간 지속되어온 우리 법원의 양형수준에 맞추어져 있다고 할 수 있다. 따라서 일응 법원이 행하여 온 양형수준이 우리 사회에 타당한 양형수준이라는 추정이 가능하다.

---

48) 대법원 2002. 10. 25. 선고 2002도4298 판결 (「양형에서의 필요적 참작사유를 열거한 형법 제51조」라 판시).

보다 근본적으로 볼 때, 법원의 양형은 구체적인 사건에 대한 가치판단이고 법정형은 범죄전형에 대한 추상적 가치판단이다. 법원의 양형과 법정형이 괴리되었을 때 법정형을 고수하도록 하는 것은 구체적인 사건에서 부당한 결과를 가져올 수 있다.

작량감경제도를 비판하는 견해들도 구체적 사건에서의 법정형 고수가 가져오는 불합리함을 인정하고 있다. 우리 형법에는 외국에 비해 법정형이 높게 규정되어 있는 범죄들이 많으므로 작량감경을 인정할 여지는 있다는 의견,[49) 상향된 법정형으로 인하여 피고인이 행한 불법을 초과하는 처벌에 가해지는 경우 이를 회피할 수 있는 창구가 필요하고 그런 점에서 작량감경규정이 어느 정도 역할을 다해 온 것은 부인할 수 없다는 의견,[50) 우리나라에서는 형법과 형사특별법의 규정 중 적지 않은 규정들이 중형주의를 취하고 있기 때문에 형법 제53조의 작량감경규정은 형사실무에서 적정한 선고형을 형성하는 데에 큰 일조를 하여 왔음을 부인할 수 없다는 의견,[51) 형사특별법에 의한 형벌가중이 행위책임의 원칙에 상응되게 이루어진 것인지 의심스러울 뿐만 아니라 가중정도도 너무 높기 때문에(특히 형법하한의 가중) 법관은 항상 작량감경한 형으로 선고함으로써 특별법으로 가중된 법정형을 둔 실효성을 거두지도 못하고 있으므로 통제되지 않은 법관의 양형재량을 극복하기 위해서는 이러한 가중된 형사실체법의 정비가 반드시 이루어져야 한다는 의견,[52) 비대한 형법과 지나치게 과중한 법정형(특히 법정형의 하한)을 규정하고 있는 우리나라 현행 형법체계하에서 작량감경규정은 불가피하게 인정할 수밖에 없다는 의견[53)들은 모두 이러한 점을 지적하고 있다.

---

49) 오영근, 형법총론, 775쪽.
50) 노명선, 공청회자료, 110~111쪽.
51) 허일태, 작량감경, 284쪽.
52) 손동권, 형가감체계, 416~417쪽.
53) 이천현, 정비방안, 83쪽 이하.

따라서 법정형과 실무현실의 괴리가 있다는 이유로 작량감경제도를 폐지한다거나 작량감경사유를 제한한다는 결론이 바로 도출된다고는 할 수 없다.

일곱째, 가중감경의 순서에 관한 문제이다.

유기형의 경우 유기형의 상한 이상으로 가중되는 경우에는 순서가 영향을 미치지만 그렇지 않은 경우에는 별로 영향을 미치지 아니한다. 예컨대, 어떤 유기형의 단기를 a, 장기를 b라고 할 때, 경합범가중 후 작량감경을 할 경우에는 「a~b ⇒ a~3/2b(경합범가중) ⇒ 1/2a~3/4b(작량감경)」가 되고, 작량감경 후 경합범가중을 할 경우에는 「a~b ⇒ 1/2a~1/2b(작량감경) ⇒ 1/2a~3/4b(경합범가중)」이 되어 어느 것이든 결과는 같다. 마찬가지로 누범가중의 경우에도 어느 것을 먼저 하든 같은 결과가 된다. 다만, 예컨대 5년 이상의 범죄를 누범가중을 먼저 하면 「5년~50년(누범가중)[54] ⇒ 2년 6월~25년(작량감경)」이 되지만, 작량감경을 먼저 하면 「2년 6월~15년(작량감경) ⇒ 2년 6월~30년(누범가중)」이 되어 보다 장기의 처단형이 도출된다.

그러나 이는 중형을 바라는 소추측에게는 불만스러운 결과일지 모르나, 중형이 옳고 따라서 작량감경을 최후로 한 처단형은 잘못된 것이라는 근거는 어디에도 없다. 누범이나 경합범은 추상적으로 규정된 형식적인 요건에 따라 가중하는 사유임에 비하여 작량감경은 당해 사건의 구체적 사안에 따라 감경하는 사유임을 고려한다면, 당해 사안에 대한 보다 적절한 형은 가중영역에 존재하는 것이 아니라 감경영역에 존재하는 것이다. 즉, 누범이나 경합범인데도 불구하고 당해 사건에서 작량감경을 하여야 할 사유가 있다는 것은 감경되기 전 형기의 하한보다 더 가벼운 형이 적절하다는 양형판단에 따른 것이며 이러한 경우 처단형의 장기는 당해 사

---

54) 형법 제42조 단서에 의하여 50년을 넘지 못한다.

안에서 의미가 없고 단기가 의미가 있게 된다. 결국 이러한 사안은 누범가중이나 경합범가중을 하여 본래의 장기를 초과한 영역에서 형을 선고할 사안이 아니며 가중영역을 확보하기 위하여 작량감경을 먼저 하여야할 필요가 없는 사안인 것이다.

오히려 누범이나 경합범은 각 범죄에 부속된 특성으로서 각 범죄의단계에서 고려할 수 있는 사유인데 비하여, 작량감경은 각 범죄의 특성뿐만 아니라 예컨대, 범인의 연령, 성행, 지능과 환경 등 피고인의 전인격적사유를 함께 고려하는 종합적 판단이므로 범죄별로 고려할 모든 사유를고려한 연후에 비로소 작량감경을 고려하는 것이 그 성질상 옳다.

3. 대안의 검토

앞서 본 대안들은 (i) 작량감경제도의 폐지, (ii) 작량감경사유의 제한, (iii) 법률상감경으로 전환이라는 요소로 분해하여 이해할 수 있다. 이들을차례로 살핀다.

1) 작량감경제도는 폐지하여야 하는가

작량감경제도 폐지론이 가장 힘을 얻을 수 있는 상황을 설정하기 위하여 법률이 정한 법정형 자체가 적절한 경우를 상정하더라도 폐지론은타당하지 않다는 결론에 이른다.

법정형은 당해 구성요건의 전형적인 상황을 전제하여 그 형의 범위를정한 것이다. 그런데 구체적인 현실에서는 전형적인 상황에 포함되지 않는 이례적인 사건이 있을 수 있다. 예컨대, 살인죄의 법정형은 '살인, 무기또는 5년 이상의 징역'으로서 전형적인 살인죄에 대하여는 적절한 형벌수준이라고 평가할 수 있다. 그러나 어떤 피고인이 십 수 년간 계속된 성폭행을 못이겨 성폭행가해자를 살해한 경우 5년 이상의 실형을 선고하는 것이 합당한 양형인가에 대하여는 의문이 있을 수 있으며 5년 미만의 형이 보다 적절할 수 있다.[55] 이러한 사태는 매우 이례적이기 때문에 통상의 법정형의 범주에 포섭되기 어렵다.

그렇다고 하여 모든 경우를 포섭하도록 법정형을 규정하는 것 또한 바람직하지 못하다. 만일 이례적인 사안까지 포섭하도록 법정형을 정한다면 법정형을 정하는 것이 무의미할 정도로 광범위한 형량범위를 정할 수밖에 없게 되기 때문이다.

법정형은 각 구성요건의 전형을 상정하고 이에 대하여 형량범위를 정함으로써 각 구성요건의 불법성 정도에 대한 당해 법질서의 평가를 드러낸다. 그렇기 때문에 동일한 구성요건에 해당하는 범죄라도 전형적인 형태를 크게 벗어나는 경우에는 그에 합당한 형량이 법정형의 범위 밖에 존재하는 경우가 있게 된다. 만일 어떠한 비전형적인 범죄가 있어 그 책임에 상응한 형량이 법정형의 하한보다 낮은 형량임에도 불구하고 법정형의 제약 때문에 법정형의 하한으로 형이 정해진다면,[56] 이는 책임을 초과하는 형벌을 부과하는 것으로서 헌법적 요청인 책임주의에 반하는 결과가 된다.

작량감경폐지론이 우려하는 상황은 부당한 작량감경으로 인하여 책임에 상응한 형량보다 과도하게 가벼운 형이 선고되는 경우이다. 이러한 경우 양형부당이 될 수는 있다. 그러나 헌법상의 책임주의에 반하는 것은 아니다. 책임주의는 책임을 초과하는 형벌을 부과하지 말 것을 요청할 뿐 책임에 상응하는 형벌을 반드시 부과하도록 요청하는 것은 아니기 때문

---

55) 대법원 1992. 12. 22. 선고 92도2540 판결이 이와 유사한 사안인데, 징역 3년에 집행유예 5년을 선고한 원심판결이 위 대법원 판결로 확정되었으며, 위 사건의 피고인에 대하여 사회적 여론은 매우 동정적이었다.

56) 논의의 단순화를 위하여 법률상감경사유는 고려하지 않은 경우를 상정하였다. 법률상감경사유가 존재하는 경우에는 본문의 '법정형' 대신 '법률상감경을 한 범위의 형량'에 관하여 동일한 논의를 할 수 있다.

이다.[57]

　그러므로 작량감경을 허용하지 않아 법정형 하한 이하의 형을 선고하지 못하도록 하는 제도는 위헌의 소지가 있는데 반하여, 작량감경을 허용함으로써 지나치게 낮은 형량이 선고될 가능성이 있는 제도는 기껏해야 부당한 양형이 행해질 위험이 있는 정도의 문제점이 있을 뿐이다. 더구나 전자는 그 문제점을 해결할 방법이 없는 구조적인 결함인 데 비하여 후자는 개별적인 양형판단에서의 재량권 일탈이나 남용의 문제로서 영형기준이나 상소 등의 통제로서 합리적으로 해결할 수 있는 결함일 뿐이다.

　요컨대, 작량감경제도를 폐지하는 것은 바람직스럽지 않을 뿐만 아니라 위헌의 소지마저 있다. 작량감경제도는 유지되어야 한다. 앞서 비판론이 제시한 대안들 중 '1) 작량감경폐지론'[58]은 타당하지 아니하다.

2) 작량감경사유의 제한적 열거는 타당한가

　작량감경제도는 유지하되 양형재량을 통제하기 위하여 그 사유를 제한적으로 열거하는 방법은 일견 매력적인 것으로 보인다. 법무부의 개정안은 이를 바탕으로 한 것이다.

　작량감경은 법정형으로부터 처단형을 정하는 가중·감경의 마지막 단계에서 고려하는 사유이다. 그러므로 작량감경은 처단형의 범위를 정하는 요소로서 의미를 가진다. 법률상감경사유가 있을 때에는 작량감경보다 우선하여 하여야 하고[59] 작량감경은 법률상감경을 다하고도 그 처단형의 범위를 완화하여 그보다 낮은 형을 선고하고자 할 때에 하며[60] 작량감경 전에 산정된 형량범위의 최하한보다 낮은 형을 선고하지 아니할 경우에는 감경

---

57) 위 III.2. 참조.
58) 위 II.3. 1) 참조.
59) 형법 제56조. 이는 개정안에서도 같다(개정안 제51조).
60) 대법원 1991. 6. 11. 선고 91도985 판결; 대법원 1994. 3. 8. 선고 93도3608 판결.

하지 아니한다. 이처럼 작량감경은 당해 사건의 피고인에 대하여 모든 양형인자를 종합적으로 고려하여 합당하다고 판단하는 형량을 확보하기 위하여 처단형의 하한을 조정할 필요가 있을 때에 하는 양형과정의 하나이다.

양형을 함에 있어서 고려하여야 할 제반사정은 서로 유기적이고 복잡하게 연결되어 있어서 그 중 어느 하나 또는 몇 개의 사정만을 유리시켜 고려하는 것은 타당하지 아니하다.[61] 우리 형법이 작량감경의 고려사유를 '범죄의 정상'이라고만 규정한 것[62]은 바로 이러한 연유에서이다.

예컨대, '심신미약'이 감경사유임이 법률에 규정되어 있는 것[63]처럼 '범죄의 정상'도 법률에 규정되어 있는 감경사유이다. 심신미약의 사유가 낮은 지능일 수도, 정신병일 수도, 약물중독일 수도 있듯이, 범죄정상의 사유가 범죄의 동기일 수도, 피해자의 용서일 수도 있다. 사유를 불문하고 심신미약이라는 결론적 판단에 1회의 감경을 부여하듯이, 사유를 불문하고 범죄정상이라는 결론적 판단에 1회의 감경을 부여한다. 이 점에서 법률상감경과 작량감경은 차이가 없다. 작량감경을 법률상감경에 대비하여 재판상감경이라고 하더라도[64] 이는 범죄정상을 구성하는 개개의 사유가 워낙 다양하고 복잡하여 정형화할 수 없기 때문에 그에 대한 판단을 법관에 위임한다는 취지이지, 법률상감경은 법률에 근거하여 하는 명확한 감경사유이고 작량감경은 법률에 의하지 아니하고 하는 불명확한 감경사유라는 취지는 아니다. 형법 제10조 제1항, 제2항에 규정된 심신장애의 유무 및 정도의 판단 또한 법률적 판단으로서 반드시 전문감정인의 의견에 기속되어야 하는 것은 아니고 정신분열증의 종류와 정도, 범행의 동기, 경위, 수단과 태양, 범행 전후의 피고인의 행동, 반성의 정도 등 여러 사정을 종합하여 법원이 독자적으로 판단하는 것이다.[65]

---

61) 코멘타르 형법, 686쪽.
62) 형법 제53조.
63) 형법 제10조 제2항.
64) 코멘타르 형법, 683쪽.

요컨대, 작량감경사유는 모든 양형사유를 포괄하는 것이어야 하고, 그 일부라도 제한하는 방안은 타당하지 아니하다. 앞서 비판론이 제시하는 대안들 중 3) 견해와 4) 견해, 특히 부진정 포괄사유를 규정하는 방안은 타당하지 아니하다. 법무부 개정안 또한 이러한 점에서 타당하지 아니하다.

3) 개정안의 정상감경사유는 타당한가

작량감경사유를 제한적으로 열거하는 것 자체가 부당함은 위에서 본 바이지만, 이를 차치하고 법무부 개정안이 제시하는 정상감경사유 자체를 개별적으로 보더라도 그 타당성에 의문이 가지 않을 수 없다.

법무부 개정안이 제시하는 사유는 (i) 범행의 동기, (ii) 피해회복(처벌불원, 피해회복), (iii) 자백이다.

그런데 작량감경사유를 제한하는 경우라도 무엇을 고려할 사유로 할 것인가는 논자마다 다르다. 앞서 본 2) 견해는 (i) 행위불법이 미약한 경우, (ii) 특별예방과 일반예방의 고려를, 3) 견해는 법무부 개정안의 사유에 더하여 (iv) 피해자의 범죄유발, (v) 범행의 경미를 들고 있다.[66][67] 작량감경사유의 제한적 열거를 지지하는 다른 견해는 그 고려할 사유로서, (i) 범행의 동기, (ii) 피해자의 범죄유발, (iii) 피해자의 처벌불원, (iv) 피해회복의 진지한 노력과 회복보전조치, (v) 자백과 수사협조, (vi) 진지한 반성과 적극적 후회, (vii) 심한 압박감이나 공포심 또는 복종심, (viii) 위법성조각사유나 책임조각사유에 버금가는 상황, (ix) 범행으로 인하여 행위자 자신이나 그 인척이 중상해 등 중대한 불이익을 당한 경우, (x) 범행의 특히 경미

---

65) 대법원 1999. 1. 26. 선고 98도3812 판결 참조.

66) 위 II.3. 참조.

67) '피해자의 범죄유발'은 법무부 개정안의 '범행의 동기'를 넓게 이해하여 이에 포섭될 수 있다고 해석할 여지가 있지만 '범행의 경미'는 법무부 개정안에서 상응하는 사유를 찾기 어렵다.

한 경우를 제시하고 있다.[68]

이처럼 논자마다 다른 이유는 원래 작량감경이 어느 특정한 사정만을 고려하는 것이 아니라 모든 사정을 종합적으로 고려하는 것이라는 특성이 있음에도 이를 무시한 채 그 고려사유를 제한하려는 시도를 각자의 철학과 경험에 바탕을 두고 하기 때문이다. 법무부 개정안은 피해자 측면과 자백을 강조한 것으로서 이는 그 동안 형사절차를 둘러싼 많은 논쟁에서 수사와 소추측에서 중시하여 오던 주제와 일치하는 면이 있다. 이러한 상황에서 어떠한 안도 그가 제시하는 작량감경사유의 객관적 합리성을 보증하지 못하고 있다.

덧붙여 자백을 그 자체로서 감경사유로 하는 것에도 이론상의 난점이 있다. 모든 국민은 형사상 자기에게 불리한 진술을 강요당하지 아니할 권리가 보장되어 있다.[69] 따라서 형사소송절차에서 피고인은 방어권에 기하여 범죄사실에 대하여 진술을 거부하거나 거짓 진술을 할 수 있고, 이 경우 범죄사실을 단순히 부인하고 있는 것이 죄를 반성하거나 후회하고 있지 않다는 인격적 비난요소로 보아 가중적 양형의 조건으로 삼는 것은 결과적으로 피고인에게 자백을 강요하는 것이 되어 허용될 수 없다.[70] 자백을 감경사유로 삼는 것은 부인을 가중사유로 삼는 것과 동전의 양면으로서 역시 자백을 강요하는 것과 다르지 아니하다.

범행을 부인하는 태도나 행위가 피고인에게 보장된 방어권 행사의 범위를 넘어 객관적이고 명백한 증거가 있음에도 진실의 발견을 적극적으로 숨기거나 법원을 오도하려는 시도에 기인한 경우에는 가중적 양형의 조건으로 참작될 수 있다고 할 것이지만, 이것도 그러한 부인 자체가 양

---

68) 허일태, 작량감경, 299-300쪽.

69) 헌법 제12조 제2항.

70) 대법원 2001. 3. 9. 선고 2001도192 판결 참조. 일본의 판례도 피고인이 단지 묵비를 한다는 사실로부터 불이익한 사실을 추인하거나 양형상 불이익한 취급을 하여서는 아니 된다고 한다 (札幌高判 平14. 3. 19. 判時 1803, 147; 東京 高判 昭28. 12. 14. 特報 39号 221頁).

형사유가 되는 것이 아니라 형법 제51조 제4호에서 양형의 조건의 하나로 정하고 있는 범행 후의 정황 가운데 하나로 평가할 수 있는 형사소송 절차에서의 피고인의 태도나 행위로서 양형에 고려되는 것이다.[71] 마찬가지로 자백 또한 그 자체로서 양형사유가 되는 것이 아니라 그를 통하여 피고인이 능동적으로 후회하고 반성하는 정상이 범행후의 정황중의 하나로서 평가될 수 있고 형벌을 통하여 달성할 예방의 목표치가 낮아졌다는 사정 등이 종합적으로 고려되어 비로소 감경사유로 작동할 여지가 생기게 되는 것이다. 자백을 그 자체로서 작량감경사유로 하는 것은 타당하지 아니하다.

요컨대, 법무부 개정안의 정상감경사유는 그 열거된 사유의 선정 자체도 타당하지 아니하다.[72]

4) 법률상감경으로의 전환은 타당한가

법률상감경으로 전환하자는 견해는 작량감경사유를 제한하자는 견해에 더하여 그 고려순서를 앞당기고자 하는 의도에서 주장된 것으로 생각된다.

그러나 앞서 본 바와 같이 작량감경사유를 제한하는 것도 타당하지 않고[73] 고려순서를 앞당기는 것도 타당하지 않다.[74] 또한 법률상감경 사유로 한다면서 왜 거듭감경을 금지하는지 그 이유가 분명하지 아니하다.

비판론이 제시하는 대안들 중 2) 견해도 타당하지 아니하다.

---

71) 대법원 2001. 3. 9. 선고 2001도192 판결 참조.
72) 자백 자체를 작량감경사유로 하는 것은 실질적으로 답변협상의 효과를 가져올 수 있는 측면도 있다.
73) 위 III.3. 2), 3) 참조.
74) 위 III.2. 참조.

IV. 결론

1. 포괄적 작량감경의 필요성

앞서 본 바와 같이 작량감경을 금지하거나 제한하는 것은 위헌의 소지가 있거나 타당하지 아니하다. 이에 더하여 다음의 점에서도 포괄적 작량감경은 요청된다.

첫째, 작량감경은 구체적 사건에 타당성이 있는 양형을 보장한다. 구체적인 사건과 범죄인에 개별적으로 합당한 형벌을 부과하여야 한다는 형벌개별화의 원칙은 헌법적 요구이다.[75] 법정형의 제약으로 구체적 사안에 적절하지 않은 형벌을 부과한다면 이는 헌법에 위반된다.

둘째, 작량감경은 법정형의 오류와 부정합을 시정할 수 있는 최후의 보루이다. 특히 각종 형사특별법이나 행정 법률의 벌칙규정에 의하여 범죄의 특별구성요건들이 양산되고 있는 현실에서, 형벌의 체계적 균형성을 정확하게 맞추어 입법하는 것은 매우 어려운 일이다. 체계적 부정합이 있는 경우라도 이것이 사전에 발견되기 보다는 구체적인 사건에 대하여 재판을 하는 과정에서 발견되는 경우가 더 많다. 법정형의 완벽성을 보장할 수 없는 상황에서 법정형을 고수하는 것은 구체적 타당성 있는 양형을 포기하는 것과 다르지 아니하다.

셋째, 우리의 입법현실이다. 앞서 본 바와 같이 우리 입법현실은 의도한 것이든 의도하지 않은 것이든 법정형이 과도하게 높게 설정된 경우가 적지 아니하다.[76] 이러한 상황에서 법정형을 조정하는 입법적인 조치가 선행됨이 없이 작량감경을 금지하거나 제한한다면 책임을 초과하는 형벌

---

75) 헌재 2002. 10. 31. 선고 2001헌바68 결정 참조.
76) 위 II.2. 참조.

을 부과할 수밖에 없게 되어 위헌적인 사태가 초래된다. 비판론은 법정형이 과도한 문제는 입법적인 해결을 하여야지 작량감경을 통하여 해결할 문제가 아니라고 하나, 가사 비판론의 주장처럼 현행의 작량감경제도에 문제가 있다고 가정하더라도, 작량감경제도를 유지할 경우에는 입법에 의한 법정형 조정시까지의 양형부당의 문제가 발생하는 정도임에 반하여, 작량감경을 금지하거나 제한하는 경우에는 입법에 의한 법정형 조정시까지 위헌적인 사태를 초래한다는 더 큰 문제점을 낳는다.

넷째, 양형기준과의 관계에서도 혼란을 초래한다. 현재의 양형기준은 기존의 양형실무를 토대로 규범적인 조정을 한 결과 작성되었다. 그리하여 권고형량이 법정형의 하한보다 낮은 영역에서 설정된 경우가 적지 아니하다. 이는 작량감경에 의한 법정형의 조정을 전제로 한 것인데, 만일 작량감경을 금지하거나 제한하는 경우에는 기존의 양형기준을 전면적으로 재설정하여야 하는 혼란이 발생한다. 이러한 혼란은 한시적이라는 항변이 있을 수 있지만, 그러나 이는 종래의 양형수준을 너무나 초과하는 것이어서 그 자체 커다란 문제가 아닐 수 없다.

2. 대안의 제시

위와 같이 포괄적 작량감경이 요청되므로 포괄적 작량감경을 규정한 현행법은 그대로 유지되어야 한다. 다만, 법무부 개정안이 제시한 '정상감경'이라는 용어는 감경의 사유를 분명히 한다는 점에서 종래의 '작량감경'보다 우수한 면이 있고, 그동안 작량감경의 구체적인 방법을 법률상감경에 따라 하여 왔음에도 이에 대한 명시적인 근거규정이 없다는 점에서 이를 명시할 필요가 있다.

그러므로 이 글은 다음과 같은 대안을 제시한다.

현행	대안
제53조 (작량감경) 범죄의 정상에 참작할 만한 사유가 있는 때에는 작량하여 그 형을 감경할 수 있다.	제53조(정상감경) ① 범죄의 정상에 참작할만한 사유가 있는 때에는 그 형을 감경할 수 있다. ② 제55조 제1항은 제1항의 감경에 준용한다.

'특정 범죄자에 대한 위치추적 전자장치 부착 등에 관한 법률'의 위헌성에 관한 재검토

최정학*

Ⅰ. 머리말

지난 2010. 4월 「특정 범죄자에 대한 위치추적 전자장치 부착 등에 관한 법률」(이른바 '전자발찌법')이 개정되었다. 이 법은 사실 2007. 4월에 제정되고 2008. 9월부터 시행되었으므로 시행이후 이제 겨우 2년 남짓 되었는데, 그 동안 (다른 법의 개정으로 인한 일부개정을 제외하고) 법률의 내용이 개정된 것만 3차례에 이른다. 그 가운데에서 이번 개정은 그 범위가 가장 큰 것인데, 전자장치 부착의 대상자를 확대하고 그 기간을 대폭 연장하며, 처분명령에 대한 청구요건을 완화하고 이미 형이 확정된 일부 특정 범죄자에 대해서도 장치의 부착이 가능하도록 하는(즉, 소급효의 인정) 등의 내용을 골자로 하고 있다.

---

* 이 논문은 『법제연구』 제39호, 2010에 수록된 것입니다.

이러한 개정은 기왕에 제기되었던 이 법률의 위헌성에 대한 의심을 더욱 크게 만들고 있다. 즉, 별다른 치료 프로그램이 수반되지 않는 전자감시는 단지 재범의 방지를 위한 자유제한처분에 지나지 않으므로 이미 집행된 형벌에 대해 '이중처벌'에 해당하게 된다거나, 지나치게 오랜 기간동안 전자장치를 부착하는 것은 대상자에 대한 과도한 사생활의 침해로서 '과잉금지의 원칙'에 어긋나는 것이라는 점 등은 이미 지적되었다.[1] 여기에 더해 이번 개정은 이미 형의 집행이 종료된 일부 특정 범죄인들에 대해서도 이같은 장치의 부착이 가능하도록 함으로써, 이러한 처분에 소급효가 인정될 수 있는지 하는 문제를 추가로 제기하고 있다.

그런데 사실 이러한 개정의 배경이 된 것은 지난 수년간에 발생한 극단적인 성범죄, 특히 아동을 대상으로 한 몇몇 성범죄들이었다. 이에 따라 이 법률의 개정과 함께, 「아동·청소년의 성보호에 관한 법률」의 개정을 통해 성범죄자에 대한 '신상공개제도'의 기간을 확대하고 지역주민에 대한 신상 고지제도를 도입하며, 「성폭력범죄자의 성충동 약물치료에 관한 법률」을 제정하여 성범죄자에 대해서 이른바 '화학적 거세' 조치를 할 수 있도록 하는 내용의 특단의 입법들이 마련되었다. 가히 (아동) 성범죄에 대한 '강성의' 형사대책이라 할 만하다.

또 이와 같은 성범죄에 대한 특단의 입법들은 형사법 일반에 걸친 '엄벌주의', 즉 형량의 강화와 수사절차에 대한 통제의 완화경향과도 무관하지 않을 것이다. 이미 지난 2010. 4월에 형법이 개정되어 유기징역형의 상한이 대폭 늘어난 바 있고, 전반적으로 수사기관의 권한을 확대하고 그 대상자의 권리를 축소시키는 「경찰관 직무집행법 개정안」이나 「통신비밀보호법 개정안」 등은 국회에 제출되어 있다. 나아가, 사형의 집행을 재개해

---

1) 박혜진, '소위 전자장치부착법에 대한 비판적 고찰', 『형사정책』 20(2), 2008, 225쪽 이하 ; 졸고, '전자감시제도의 도입에 관한 연구 – 특정 성폭력범죄자에 대한 위치추적 전자장치 부착에 관한 법률'에 대한 비판적 검토', 『형사정책』 19(2), 2007, 351쪽 이하

야 한다거나 보호감호제도를 부활시켜야 한다는 주장도 제기되고 있다.[2)]

요컨대, 현 정부의 형사정책은 점점 더 분명히 '중형주의'의 입장을 띠어가고 있으며, 이 글의 대상인 『특정 범죄자에 대한 위치추적 전자장치 부착에 관한 법률』도 이러한 맥락에서 분석되어야 할 것이다. 하지만, 중형주의에 대한 본격적인 비판[3)]은 이 글의 범위를 벗어나는 것이다. 여기에서는 다만 이 법률의 개정내용이 갖는 법적 문제점을 특히 그 위헌여부와 관련하여 논해보려 한다.[4)]

II. 개정 내용 개관

법률의 내용을 분석하기에 앞서 우선 개정된 내용을 간단하게 정리해 보기로 하자. 2007. 4월 제정된 『특정 성폭력 범죄자에 대한 위치추적 전자장치 부착에 관한 법률』은 시행도 되기 전인 2008. 4월 처음으로 개정 되는데, 그 내용은 첫째, 전자장치의 부착기간을 최대 5년에서 10년으로 상향조정하고, 둘째, 전자장치 부착자에게 특정지역이나 장소에 대한 출입금지, 외출제한 등의 특별준수사항을 부과할 수 있도록 하고, 셋째, 2008. 10월로 예정된 법률의 시행 시점을 같은 해 9월로 앞당긴다는 것 등이었다. 이러한 내용 역시 이번의 개정과 마찬가지로 당시에 사회적으로 문제되었던 몇몇 아동대상의 성범죄를 배경으로 전자장치 부착의 기간을 확대하고 그 내용을 강화한다는 취지로 이해할 수 있을 것이다.

---

2) 2005년에 폐지된 보호감호제도는 최근 법무부의 형법 개정시안에 포함되어 부활을 기다리고 있다.

3) 다만 이러한 내용에 대해서는 졸고, '앤드류 폰 히르쉬의 형벌이론-신자유주의 형벌이론의 비판', 『민주법학』 28호, 2005, 264쪽 이하를 참고하기 바란다.

4) 이러한 논의는 기왕에 문제되었던 이 법률의 위헌여부를 보다 명백히 밝히는 데에 기여할 수 있을 뿐만 아니라, 특히 앞으로 예상되는 이 법률에 대한 헌법재판에서 이 글이 제기하는 쟁점이나 논지가 이용될 수도 있을 것이다.

두 번째 개정은 2009. 5월 이루어졌는데, 전자장치 부착의 대상자를 성범죄자 뿐만 아니라 미성년자 대상의 유괴범죄까지 확대한 것이 그 내용이다. 미성년자를 대상으로 한 유괴범죄도 그 결과가 중대하고 재범의 위험성이 높으므로 전자장치의 부착을 통하여 이를 예방하려 한다는 것이 개정의 이유로 제시되었다.

2010. 4월 이루어진 세 번째 개정은 다음과 같은 내용을 포함하고 있다. 첫째, 전자장치의 부착대상이 되는 특정범죄에 살인범죄를 추가하였다(제2조). 둘째, 성범죄에 대해서는 장치의 부착명령을 청구하기 위한 요건을 완화하였다(제5조). 즉, 종래에는 성범죄를 2회 이상 범하고 그 형기의 합계가 3년 이상인 사람이 형의 집행종료 혹은 면제 이후 5년 이내에 다시 같은 범죄를 범한 경우가 가장 대표적인 부착명령 청구의 대상이었는데, 이를 '(한 차례) 성범죄로 실형을 선고받은 사람이 형의 집행종료 혹은 면제 이후 10년 이내에 같은 범죄를 범한 경우'로 변경함으로써 요구되는 범죄의 횟수를 줄이고 형기합계의 요건을 삭제하며, 재범의 기간도 10년 까지 두 배로 늘리고 있다. 다른 한 편, '13세 미만'의 사람에 대한 성범죄는 단 한 차례의 범행만으로도 장치의 부착대상이 되는데, 이 또한 '16세 미만'의 사람에 대한 성범죄로 개정함으로써 그 대상 범위를 넓히고 있다.

셋째, 전자장치의 부착을 최대 30년까지(가중되는 경우 45년까지) 할 수 있도록 하고, 각 범죄의 법정형에 따른 기간의 하한을 새로 규정하는 등 부착기간을 대폭 상향조정하였다(제9조). 넷째, 전자장치를 부착한 사람은 그 기간동안 의무적으로 보호관찰을 받도록 하고 준수사항 가운데 '주거지역의 제한'을 추가하며 7일 이상의 국내여행이나 출국을 허가사항으로 함으로써, 부가적인 요구사항들을 역시 다소 강화하고 있다(제9조의2, 제14조). 다섯째, 2008. 9월 이전에 1심 판결이 선고됨으로써 이 법률의 적용대상이 아닌 사람 가운데에서도 개정법률의 시행 시점에 형 집행중이거나 형 집행이 종료된 지 3년 이내의 사람들은 다시 이 법률의 적용을 받게 함으로써 전자장치 부착처분의 소급효를 인정하고 있다(법률 제9112호(1차 개정법률) 부칙 제2조). 또 미성년자 대상의 약취·유인죄를 제외한 성범죄와 살인범죄에 대해서는 개정법률의 시행 전에 이루어진 행위에 대해서도 이 법률이 적용되도록 함으로써 역시 마찬가지로 소급효를 인정하고 있다. 나아가 미성년자 대상의 약취·유인과 살인범죄에 대해서도 개정 법률 시행 이전에 받은 실형이상의 형을 그대로 이 법률이 규정한 청구요건에 해당하는 것으로 인정함으로써 역시 소급효가 인정되고 있다고 할 수 있다.(부칙 제2조).

이상의 개정법률에 대해서는 몇 가지 쟁점을 기준으로 그 위헌여부를 생각해 볼 수 있다. 그 쟁점은 다시 세 가지 정도로 정리될 수 있는데, 이중처벌의 문제, 과잉금지의 문제, 그리고 소급효의 문제가 그것이다. 이하에서 순서대로 검토해 본다.

Ⅲ. 이중처벌의 문제

1. 전자장치 부착처분의 법적 성격

전자장치의 부착과 같은 자유제한 처분에 대해서 가장 먼저 제기되는 문제는 역시 이중처벌에 관한 것이다. 우선 전자장치의 부착이 형벌이 아닌 보안처분의 성격을 가진다고 파악되는 한, 일단은 이중처벌의 문제를 피해갈 수 있을 것이다. 형벌과 보안처분은 그 목적과 기능 등이 서로 뚜렷이 구분되는 형사제재라는 것이 학설[5]과 판례[6]의 확고한 입장이기 때문이다. 그러나 이에 대해서도 이미 지난 2005년 사회보호법

---

5) 이재상, 『형법총론(제6판)』, 박영사, 2009, 261쪽 ; 신동운, 『형법총론(제3판)』, 법문사, 2008, 821쪽
6) 헌법재판소 1989.7.14. 88헌가5등 (병합) ; 대법원 1997. 6. 13. 선고 97도703 등

이 규정하는 보호감호처분이 형벌과 같은 성격과 기능을 가지고 있음을 이유로 폐지되었다는 사실을 상기해 보면 문제는 그리 간단치 않다.

본래 미국에서 시작된 전자감시제도는 보호관찰, 특히 가택구금이나 통금시간 등을 부가조건으로 갖는 보호관찰처분에 대해서 그 조건을 잘 준수하고 있는지를 감시하기 위한 수단으로 시작되었다. 따라서 그 대상 자도 처음에는 음주운전이나 절도범과 같이 경미한 범죄인으로서 재범 위험성이 낮고, 폭력적이지 않으며 본인이 희망하는 경우 등으로 한정되 었고, 폭행이나 성범죄, 마약범죄 등은 여기에서 제외되었던 것이다.[7] 그 러던 것이 최근 미국 등지에서 특히 성범죄자들을 대상으로 장기간 전자 감시처분을 부과하는 새로운 종류의 사회보호처분이 등장하고 있다.[8] 하 지만, 이것은 대상자에 대한 관찰과 원조를 통하여 사회적응을 돕겠다는 종래의 전자감시제도의 취지와는 달리, 일방적인 감시와 통제를 함으로 써 재범을 방지하고 적극적으로 사회를 보호하겠다는 '(사회)방위처분'으 로 그 성격이 바뀐 것으로 보아야 할 것이다.

우리의 경우 전자감시제도는 처음부터 성범죄와 같은 중범죄를 대상 으로 그것도 짧지 않은 부착기간을 규정함으로써 적극적인 방위처분으로 서의 성격을 드러내었다. 그리고 이후의 개정을 통하여 대상범죄가 미성 년자에 대한 유괴와 살인으로 확대되고, 그 기간도 대폭 늘어남으로써 이 와 같은 성격을 더욱 분명히 하였다.[9]

---

7) 김혜정, '성폭력 범죄자에 대한 전자팔찌 적용가능성에 대한 검토', 『형사정 책연구』16(3), 2005, 242쪽

8) 미국 플로리다 주의 '제시카 런스퍼드법(Jessica Lunsford Act)'과 콜로라도주의 '성범죄자 평생감시법(Sex Offender Life Time Supervision Act)', 아이오와주의 '성범죄자법(Sex Offender Act)' 등이 여기에 해당한다. 최근 외국의 전자감시 제도에 대한 개관으로는 정현미, '성폭력범죄 대책과 전자감시', 『형사정책』 21(1), 2009, 328쪽 이하를 참조.

9) 우리의 전자감시 제도가 미국이나 유럽 등지의 원래 제도와는 다른 성격의 것 이라는 점에 대해서는 학자들 사이에서도 어느 정도 동의가 이루어 진 듯 하다. 예컨대 김혜정, 위의 글, 240쪽, 247~8쪽 ; 정현미, 위의 글, 322쪽, 332쪽 등.

물론 방위처분이라 하여 보안처분의 성격을 갖지 않는 것은 아니다. 본래 보안처분이란 상습범과 같이 특별한 대책이 요구되는 범죄인에 대한 '개선처분'과 함께 범죄인으로부터 사회를 방위하기 위한 '보안처분'의 내용을 동시에 가지고 있는 것이기 때문이다.[10) 이 가운데 어느 쪽의 성격이 강한가 하는 것은 구체적인 보안처분에 따라 달라질 수 있는 것일 터이지만, 적어도 보안처분 내지 방위처분의 성격이 강할수록 보다 엄격한 형벌의 형태와 내용을 가지게 될 것이라는 점은 부인하기 어려울 것이다.[11) 우리의 전자감시제도는, 비록 이번 개정을 통해 보호관찰이 함께 이루어지도록 의무화하기는 했지만, 대상자에 대한 치료와 개선보다는 재범방지를 위한 감시와 통제에 역점을 둔 강력한 '사회방위처분'이다. 따라서 형식적으로는 이것이 보안처분의 하나라고 볼 수도 있겠지만, 그 내용에 비추어 보면 자유를 제한하고 행동을 통제하는 '형벌의 성격을 가진' 보안처분이라고 할 수 있는 것이다.

　　혹 전자장치 부착에 부가되는 준수사항의 하나로서 '치료 프로그램의 이수'가 포함되어 있으므로(제9조의2 제1항) 이것이 개선처분의 성격도 함께 가지고 있는 것이 아닌가 하는 주장이 있을 수 있다. 그러나 우리의 경우에는 치료처분은 물론 보호관찰 전체가 전자감시를 위한 부수적인 역할에 불과한 것이라는 인상이 짙다. 보호관찰 자체가 이번 개정에서야 비로소 의무화되었을 뿐 아니라 준수사항의 부가도 1차 개정에서 처음으로 도입된 것이고, 치료 프로그램의 경우에도 그 부과가 단지 법원의 재량사항으로 규정되어 있는 등, 전체적으로 (전자)감시를 위해 보조적으로 마련된 것이라고 판단되기 때문이다. 또 만약 감시가 아니라 치료처분이 성범죄를 위한 핵심대책이라면 이것은 전자감시의 시행 이후가 아니라 형의 집행단계에서부터 이루어졌어야 한다는 지적도 귀 기울일만 하다.[12)

---

10) 신동운, 위의 책, 820~821쪽.
11) 그리고 이러한 방위처분의 성격이 극단에 이르러 형벌과 사실상 같다는 평가를 받은 것이 바로 위에 언급한 사회보호법의 경우라고 할 수 있을 것이다.

2. 이중처벌 여부

전자장치의 부착처분에 대한 법적 성격을 위와 같이 파악한다면, 형벌과의 관계에서 이것이 이중처벌에 해당한다고 볼 수 있는 여지도 전혀 없지는 않을 것이다. 다만, 형벌과 보안처분을 엄격히 구분하고 양자 사이에는 이중처벌의 관계가 성립하지 않는다는 원칙을 유지하고 있는 판례의 입장에서 보면 전자감시에 대해서 새로운 결론을 얻어내기는 쉽지 않을 것이다.[13]

하지만 보안처분 가운데에서도 일면적으로 사회방위만을 강조하는 자유제한적 보안처분 – 예컨대, 보호감호 – 은 그 내용이 형벌과 중복된다고 볼 수 있는 경우가 많을 것이다. 전자장치의 부착은 대상자의 이동의 자유와 같은 신체의 자유를 제한하는 방위적 보안처분으로서 다소간 형벌의 성격을 갖는다고 볼 수 있고, 이러한 범위에서 이중처벌의 금지 원칙을 위반한 것으로 보아야 할 것이다.

Ⅳ. 과잉처벌금지의 문제

1. 과잉금지의 원칙

과잉금지의 원칙이란 국가가 국민의 기본권을 제약하는 경우에도 일정한 제한원리, 즉 통상 필요성, 적합성, 그리고 좁은 의미의 비례의 원칙

---

12) 정현미, 위의 글, 342쪽.
13) 다만 헌법재판소는 2003.6.26, 2002헌가14, 청소년의성보호에관한법률 제20조 제2항 제1호 등 위헌제청사건에서 재판관 5명의 위헌의견으로 아동대상 성범죄자에 대한 신상공개가 "형벌과 다른 목적이나 기능을 가지는 것도 아니면서, 형벌보다 더 가혹할 수도 있"는 "수치형"의 성격을 갖는다고 한 바 있다.

으로 요약되는 '비례성의 원칙'을 따라야 한다는 것을 의미한다. 형벌이나 보안처분과 같은 형사제재의 경우에 명문으로 이와 같은 비례의 원칙을 규정한 조항은 없다. 하지만, 형사제재는 국민의 기본권을 가장 강하게 침해하는 국가권력의 수단이라는 점에서 당연히 이러한 원칙이 적용되는 것으로 보아야 할 것이다. 더욱이 형벌이나 보안처분과 관련해서는 그 절차 뿐만 아니라 '내용'도 법에 따른 '적정'한 것이어야 함을 의미하는 '적법절차의 원칙'을 규정한 헌법 제13조를 통하여 이 원칙이 적용되는 것으로 볼 수도 있고, 나아가 더욱 넓게는 '법치주의'가 실현되는 한 모습으로 이를 파악할 수도 있다.[14]

특히 보안처분은, 형벌이 '책임주의'라는 기본원리에 의하여 그 양이 제한됨에 비하여, 그 무제한적인 적용을 통제할 명시적인 제한원칙이 없다.[15] 따라서 보안처분에 대해서는 그 남용을 방지하기 위해서 비례의 원칙이 더욱 중요한 의미를 갖는다고 할 수 있는데, 전자감시와 관련해서는 구체적으로 몇 가지 점에서 이 원칙의 위반여부가 문제된다. 이하에서 순서대로 살펴보기로 하자.

2. 전자감시와 과잉금지의 원칙

1) 처분의 실효성 - 적합성의 요건

어떤 제재에 대한 비례성원칙의 심사에서 통상 맨 먼저 이루어지는 것은 추구하는 목적에 비추어 그 수단이 효과적인 것인가 하는 목적적합

---

14) 보안처분과 비례성원칙의 관계, 특히 이 원칙이 보안처분에 적용되는 경우 그 자세한 내용에 대해서는 배종대, '보안처분과 비례성원칙', 김일수/배종대 편, 『법치국가와 형법』, 세창출판사, 1998, 38쪽 이하를 참조.
15) 참고로 독일형법은 제62조에서 보안처분에 대한 제한원리로서 비례의 원칙을 명시하고 있다.

성에 관한 것이다. 전자감시처분의 목적은 '재범의 방지'를 통해 '특정범 죄로부터 국민을 보호하는' 것이므로(제1조), 결국 이와 같은 목적에 이 처분이 얼마나 유용한가 하는 것이 판단기준이 될 것이다.

사실 이 문제에 대해서는 보다 많은 자료, 특히 외국의 예에 대한 검 토가 필요하지만, 현재로서는 초기의 경미한 범죄에 대한 전자감시처분 에 대한 긍정적인 평가가 간헐적으로 발견될 뿐이고,[16] 성범죄와 같은 중 범죄에 대해서는 그 효과가 특별히 보고된 바가 없다.[17] 그도 그럴 것이, 성범죄에 대해 전자감시처분을 도입한 것은 가장 빠른 미국의 경우가 2000년대 초반으로 아직 채 10년도 되지 않았기 때문이다.

이러한 사정은 우리도 마찬가지여서 이제 시행된지 2년 정도가 지난 전자감시 처분의 실효성을 말하기에는 아직 너무 이르다고 할 수 있을 것 이다. 법무부는 이에 대해서 이 제도의 시행일인 2008년 9월부터 2010년 2월까지의 피부착자 총 535명 중에서 재범은 단 6명에 지나지 않았으며, 특히 성범죄를 다시 저지른 경우는 단 1명에 지나지 않았다는 사실을 밝 히고 있다.[18] 하지만 이러한 통계 역시 기본적으로 그 대상기간이 너무 짧다는 결정적인 한계를 안고 있다.

결국 특히 성범죄와 같은 중범죄에 대한 전자감시의 효과는 아직 충 분히 입증되지는 않았다고 볼 수 밖에 없다. 다만 효과가 좋으리라는 일

---

16) 예컨대 독일에서는 2002년 5월 혜센(Hessen)주의 프랑크푸르트 지역에서 전자 감시제도를 시범실시하였는데 그 결과 긍정적인 성과가 입증되었고, 스웨덴 에서도 음주로 인한 교통범죄자에게 전자감시 처분을 부과하여 재범율이 감 소하는 효과를 얻었다고 한다. 김혜정, 위의 글, 246쪽. 또 영국에서도 전자감 시 처분의 전반적인 명령 이행율이 83%에 달한다는 보고가 있다. 김재중, '한 국의 전자감시제도 및 그 발전방향',『법학연구』18(1), 경상대학교, 2010, 42쪽.
17) 김혜정, 위의 글, 262쪽. 다만 그 효과에 대한 추측만이 있을 뿐이다. 관련 내 용은 전영실 외,『성폭력범죄의 유형과 재범억제방안』, 한국형사정책연구원, 2007, 553~554쪽을 참조.
18) 진정구,『특정범죄자에 대한 위치추적 전자장치 부착 등에 관한 법률 일부개 정법률안(정부제출) 검토보고』, 법제사법위원회 전문위원실, 2010.2, 5쪽.

반적인 추측만 있을 뿐이다. 모든 제도가 언제나 그 효과를 충분히 보장 받고서야 시행되는 것은 아니겠지만, 적어도 대상자의 신체의 자유를 제한하고 기본권을 침해하는 형사제재는 그 도입에 있어서 신중을 기해야 하고, 예상되는 효과와 부작용에 대해서도 면밀한 사전 검토가 필요하다고 할 것이다. 이러한 점에서 보면, 우리의 경우에 전자감시 처분의 도입은 다소 성급했다는 인상을 지울 수 없다.

그러나 이러한 점만으로 이 처분이 그 추구하는 목적에 적합하지 않은 수단이라고 단정할 수는 없고, 결국 비례성 원칙에 대한 위반 여부는 이것이 침해하는 이익과 보호하는 이익을 비교하여 판단할 수 밖에 없다. 이에 관해서는 후술한다.

2) 대상자의 적절성 – 필요성의 요건

(1) 대상범위의 확대

다음으로 검토되어야 할 것은 과연 이러한 처분이 적절한 사람들을 대상으로 하여 규정되어 있는가 하는 점이다. 달리 말해, 이러한 사람들에 대해서는 (재범의 방지라는 목적을 위해) 이러한 처분이 반드시 필요한가 혹은 좀 더 가벼운 다른 처분으로도 같은 효과를 달성할 수 있는가 하는 '처분의 필요성'에 대한 의문이라고 할 수 있을 것이다.

우선 개정법률은 전자장치 부착처분의 대상자를 종래의 성범죄자에서 미성년자 대상의 약취·유인범과 나아가서 살인범에까지 확대하고 있다. 이러한 대상자의 확대는 애초 전자감시를 살인과 강도, 방화 등 일반적인 중범죄에로까지 확장하려 했던 법무부의 의도가 국회 논의 과정에서 상당부분 축소된 것이라고 할 수 있다.[19] 그러나 법무부는 형법의 개정시안을 통해 보호관찰 대상자에 대해서 전자감시 처분을 부과할 수 있

---

19) 제288회 국회 법제사법위원회 법안심사 제1소위원회 회의록, 제2호, 2010. 3. 23, 6~8쪽.

도록 하고 그 대상자로서 보호감호나 치료감호를 종료 또는 가종료 한 경우를 들고 있는데, 보호감호의 대상자는 다시 강도, 방화, 상해, 강간 등의 일반 중범죄를 규정하고 있으므로, 만약 이대로 형법의 개정이 이루어진다면 결국 이러한 범죄를 저지른 사람은 보호감호와 함께 전자장치 부착을 조건으로 하는 보호관찰까지 받을 수 있다는 결과가 된다.

하지만 이렇게 무분별한 전자감시 처분의 확대는 크게 우려할 만할 일이라고 하지 않을 수 없다. 여기에는 아마도 2가지 전제, 즉 전자장치의 부착은 대상자의 권리를 크게 해하지 않는 경미한 처분에 불과하고, 반대로 그 효과는 재범을 방지하는 데 있어서 뛰어나다는 판단이 자리잡고 있는 듯 하다. 그러나, 위에서 보았듯이, 이 두 가지 문제는 반론의 여지가 있고 아직 충분히 입증되지 않은 것으로서 전자감시와 같이 기본권을 침해하는 보안처분의 정당화 근거로서 상당한 설득력을 갖는다고 보기 어렵다. 나아가 설령 앞으로 전자감시의 실효성이 어느 정도 입증된다 하더라도 이와 같이 그 대상범죄를 쉽게 확장해도 되는 것은 아니다. 아무리 경미하다 할지라도, 전자감시 처분은 대상자의 사생활을 침해하는 국가의 권력작용으로서 이른바 '국가감시망'의 확대를 의미하는 것이다. 따라서 국가는 이것이 문제되는 범죄의 재발을 막기위해 반드시 필요한 처분이고, 같은 목적을 달성하기 위해 다른 수단을 이미 충분히 동원해 보았다는 사정 등을 먼저 입증해야 하기 때문이다.

그러므로 이 같은 관점에서 볼 때 개정법률에 의한 전자감시 처분 대상자의 확대는 그 정당성에 상당한 의심의 여지가 있다. 전자장치의 부착이 살인범죄 등에 대하여 얼마만한 재범방지 효과가 있는지도 알 수 없거니와, 재범을 막기위한 다른 조치는 불가능한지, 즉 전자감시 처분이 반드시 필요한 것인지가 쉽게 납득되지 않기 때문이다. 법무부의 의도대로라면, 모든 범죄에 전자감시 처분이 부과되어야 하는지도 모른다. 재범의 가능성은 언제나 있기 때문이다. 그러나 이것이 지나친 국가개입의 확대라는 것은 자명한 일이다.

(2) 성범죄의 경우

다음으로 처음부터 전자감시 처분은 성범죄를 대상으로 도입된 것이었다. 따라서 이 경우의 필요성 여부가 처분 전체의 정당성과 관련하여 중요한 의미를 갖게 되는데, 그 검토를 위하여 우선 다음의 사항, 즉 우리 사회에서 성범죄가 과연 어느 정도로 발생하고 있고, 특히 그 재범율이 어느 정도 되는가를 살펴보기로 하자. 이것은 형벌 이외에 별도의 보안처분으로서 전자감시가 반드시 필요한지를 판단하기 위한 하나의 기준을 제공해 줄 수 있을 것이다.

최근 5년간 우리 사회에서 발생한 성범죄 발생건수는 다음과 같다.[20]

<표 1> 성범죄 발생건수 (2004~2008)

2004	2005	2006	2007	2008
11,105	11,757	13,573	13,634	15,094

성범죄의 경우 일반 범죄보다도 훨씬 더 많은 수의 암수범죄가 있음을 감안하면 실제 발생하는 범죄는 이 보다 더 많을 것이라고 추측되지만, 아쉽게도 그 정확한 숫자는 알 수 없다. 문제는 성범죄의 발생 건수에 있어서 특별히 급격한 증가현상은 보이지 않는다는 점이다. 이것은 우리의 경우에 전자감시 처분의 도입이, 일반적으로 성범죄가 증가한 데 따른 것이라기 보다는 특정한 몇몇 사건에 대한 즉자적 반응이라는 것을 암시해 준다.

나아가 더욱 문제되는 것은 재범율이다. 일반적으로 성범죄는 다른 범죄들에 비해 재범율이 높고, 따라서 이를 막기위해 특단의 처분이 필요하다는 것이 전자감시를 도입하기 위한 주요한 근거로 주장되었다. 성범죄의 재범율

---

20) 대검찰청, 『범죄분석』, 2005~2009에서 추출한 것임. 다만 이 통계는 형법상의 성범죄만을 대상으로 한 것으로, 특별법 위반의 경우까지 포함하면 그 숫자가 다소 늘어날 것으로 생각된다.

에 대해서는 여러 분석이 있고,[21] 심지어 이것이 52%에 이른다는 보고도 있지만,[22] 좀 더 체계적인 분석에 의하면 이것은 대략 14%정도 된다고 한다.[23] 그리고 이것은 2005년에서 2008년까지 최근 4년간 다른 범죄의 평균 재범율, 예컨대 살인(10.2%), 강도(27.4%), 폭력행위등 처벌에 관한 법률 위반(43.9%), 절도(44.9%) 등[24]에 비하면 그리 높은 것이 아니라고 할 수 있다.

이러한 내용들을 통해 성범죄가 별로 심각하지 않다거나 재범 방지의 필요가 크지 않다는 것을 증명하려 하는 것은 아니다. 다만, 성범죄에 대한 전자감시 처분의 도입이 이 범죄가 갑자기 늘어났기 때문이라거나 원래부터 재범율이 높은 탓은 아니라는 것, 따라서 이러한 점을 이유로 성범죄에 대한 이 처분의 필요성을 주장하는 것은 충분한 설득력을 갖지 못한다는 것을 보이려 했을 뿐이다.

사정이 이와 같다면 성범죄에 대한 전자감시 처분의 필요성은 이 범죄가 갖는 피해의 심각성에서 찾을 수 밖에 없다. 혹자의 표현대로 "평생을 정신적 불구로 살게 만드는"[25] 성범죄, 특히 아동에 대한 성범죄는 우리 모두 최선을 다해 예방해야 하는 것임에 틀림없다. 그러나 이와같이 피해의 측면에서만 전자감시 처분의 필요성을 찾는다면, 피해의 정도가 결코 가볍지 않은 다른 범죄들과의 관계에서 성범죄만의 특수성을 별도로 설명할 수 있어야 할 것이다.

---

21) 사실 '재범율' 자체가 그리 믿을 만한 통계가 되지 못한다는 주장도 있다. 재범의 정의나 재범의 대상이 되는 '동종' 범죄의 범위 여부, 그리고 재범 측정의 기간에서의 차이 등으로 인해 연구자마다 다른 결과가 나올 수 있기 때문이다. 보다 자세한 내용은 이수정, 김경옥, '성범죄 재범율에 관한 바른 이해와 재범 방지 대안 모색', 『한국심리학회지 : 사회 및 성격』 19(3), 2005, 85~86쪽 ; 졸고 (2007), 360~361쪽 참조.

22) 여의도 연구소, 『성범죄자 전자위치확인제도 도입방안』, issue brief 05-02, 2005, 8쪽.

23) 전영실 외, 위의 보고서, 130쪽.

24) 각각 대검찰청, 『범죄분석』, 2006~2009에서 계산하였음.

25) 진수희, '전자팔찌는 너무나 '인권적'이다', 『한겨레 21』 제599호, 2006. 3. 7

3) 비례의 원칙

(1) 이익의 형량

마지막으로, 특정범죄에 대한 전자감시의 필요와 목적적합성이 인정된다 하더라도, 이것은 추구하는 목적에 비례하여 최소한의 권리침해를 내용으로 해야 한다는 좁은 의미의 비례의 원칙에 의한 제한을 받아야 한다. 이에 대해서는 우선 이 처분으로 인해 침해되는 개인의 이익과 보호되는 사회의 이익을 비교해보는 것이 필요하다.

먼저 이 처분으로 인해 침해되는 대상자의 이익으로는 사생활의 비밀과 이동의 자유와 같은 다소간의 신체의 자유를 들 수 있다. 전자감시 처분은 일정한 장치의 부착을 통하여 대상자의 위치를 계속하여 파악하는 것을 내용으로 하므로 '사생활의 비밀' 또는 '사생활 형성의 자유'를 침해하는 것으로 보아야 할 것이다. 또 이것이 간접적으로 이동의 자유를 제한함은 물론이고, 주거제한이나 특정한 장소·지역에의 출입금지와 같은 조건과 결부되어지면 직접적으로 이동의 자유를 포함한 신체의 자유를 제약하게 된다. 나아가 이 처분이 신체에 부착된 특정한 장치를 노출시킴으로써 대상자의 사회통합을 오히려 저해하게 된다는 주장도 있다.[26] 즉 전자감시장치가 드러나게 되면 주위의 인간관계에서 어려움을 겪게되는 것은 물론, 취업 등에서도 사실상의 차별을 받게됨으로써 사회 재적응에 적지 않은 장애를 갖게 된다는 것이다.

반면 이 처분을 통해 얻을 수 있는 사회의 이익이란 무엇일까. 말할 것도 없이 가장 먼저 '재범의 방지'를 들 수 있다. 반복되지만, 전자감시처분은 대상자의 위치를 파악하는 내용의 감시와 통제를 통하여 재범을 예방하는 것을 최우선의 목표로 하는 적극적인 사회방위처분이라 할 수 있다.

---

26) 김혜정, '전자감시제도의 적용가능성에 대한 검토', 『형사정책』 12(2), 2000, 125쪽 ; 윤영철, '우리나라의 전자감시제도에 관한 비판적 소고', 『형사정책연구』 19(3), 2008, 209쪽.

그렇다면 이제 이 두 이익 사이의 형량은 어떻게 판단될 수 있을까. 앞서 살펴본 바와 같이 전자감시처분으로 인한 효과를 아직 잘 알 수 없는 것이라면, 문제는 이로 인해 침해되는 이익을 어느 정도 무겁게 평가하느냐가 중요한 기준이 될 듯하다. 그리고 이에 대해서는 극단적인 두 지점의 평가가 가능하다. 즉 한 편에서는 '경미한 사생활의 침해'에 불과하고 '형사제재로서 갖는 최소한의 권리침해'라고 보는 반면,27) 다른 한 편에서는 '중대한 자유제한적 보안처분'으로서 이미 폐지된 '보호감호의 전자적 부활'28)이라고까지 표현하고 있다.

그런데 이 문제에 대해서는 개정법률이 전자장치의 부착기간을 최장 30년까지 연장하고 있다는 점도 추가로 고려되어야 한다. 전자장치의 부착은 신체의 자유에 대한 제한 뿐만 아니라 심리적·정신적 구금효과를 수반하므로 그 기간이 지나치게 길지 않아야 한다는 것이 초기의 원칙이었지만,29) 이것이 특정 중범죄에 대하여 장기간의 처분으로 변화하였다는 점은 이미 위에서 살펴본 바와 같다. 그런데 이와 같은 오랜 시간 동안 전자감시 처분을 받게 되면 예측할 수 없는 어떤 문제가 발생할지 모르거니와, 또한 설령 이러한 문제가 없다 하더라도 이렇게 장기간의 감시처분은 결코 가벼운 정도의 사생활에 대한 침해라고 보기는 어려울 것이다.

또 이와 함께 현재의 전자감시 처분이 각각 다른 성격과 책임을 갖는 범죄자에 대해 획일적인 한 가지 방식으로 이루어지고 있다는 점도 지적할 수 있다.30) 개정법률은 처분의 대상자를 미성년자에 대한 약취·유인이

---

27) 예컨대, 제288회 국회 법제사법위원회 법안심사 제1소위원회 회의록, 제1호, 2010. 3. 22, 6쪽.

28) 윤영철, 위의 글, 211쪽.

29) 김혜정, 위의 글(2000), 128쪽.

30) 전자감시의 방법으로는 첫째, 전화선을 이용하여 피감시자의 응답을 통해 소재유무를 확인하거나 피감시자에게 부착된 소형발신기의 무선신호를 수신장치가 탐지하여 중앙감시 컴퓨터에 전송하는 '제1세대 방식'과 둘째, 위성통신기술(GPS)을 이용하여 피감시자의 위치를 확인하는 '제2세대 방식', 그리

나 살인범죄로 확장하고 있음은 이미 살펴보았거니와, 같은 성범죄라 하더라도 형의 집행이 종료된 경우와 집행유예 또는 가석방 상태에 있는 경우, 또 각각의 경우에 대해서도 구체적인 범죄의 성격이나 범죄인의 상태에 따라서 그 처분의 내용을 다양화하여 집행할 수 있을 것이다. 이러한 방법으로는 예컨대, 음성감독 시스템이나 이전 세대의 전자감시 방법을 이용하여 대상자의 권리침해 정도를 줄이거나 대상자에 따라 하루 중 감시되는 시간을 달리하는 방법 등이 제안될 수 있다.[31] 여하튼 이와 같이 집행방법을 다양화하는 것은, 전자감시 처분으로 인해 침해되는 이익이 보호되는 이익에 비해 과중하다거나 구체적인 경우에 (좁은 의미의) 비례의 원칙을 벗어나는 것이라는 비판을 다소 완화시키는 한 방법도 될 수 있을 것이다.

(2) 기타 관련 문제

그 밖에 (좁은 의미의) 비례의 원칙과 관련해서 다음과 같은 몇 가지 문제를 추가로 지적할 수 있다.

첫째, 개정법률에 의해 전자감시의 기간이 대폭 상향조정되었다는 점이다. 물론 개별 범죄의 법정형에 따라 감시기간의 상한선이 규정되어 있고 이것은 다시 개별 사건에서 범죄자에 알맞은 정도로 판단될 것이므로,

---

고 피감시자가 출입금지구역에 들어가는 경우 신호음이 울리거나 알콜이나 약물의 음용여부를 원격지에서 확인하는 등 위치확인과 피감시자의 신체에 대한 통제를 결합하는 '제3세대 방식' 등이 있다. 우리는 이 가운데에서 제2세대 방식을 채택하고 있다. 정현미, 위의 글, 323쪽

31) 정현미, 위의 글, 339쪽. 예컨대 미국의 아이오와주에서는 재범의 위험이 낮거나 행형성적이 좋은 경우에는 음성확인장치(Voice Verification), 재범의 위험이 높은 경우에는 무선추적장치(Radio Frequency), 재범의 위험이 매우 높고 피해자에게 접근하거나 도주전력이 있는 사람에게는 위성추적장치(GPS)를 부착하도록 하고 있다고 한다. 김한균, 강은영, 『성폭력범죄의 양형분석 및 재범방지를 위한 성폭력범죄자 사후관리방안』, 법무연수원, 2006, 201쪽.

구체적인 경우에는 그 형평성에 문제가 없을 것이라는 주장이 가능하다. 하지만 일단 장기의 감시처분이 가능하도록 하는 규정이 마련된 이상, 제도로서의 전자감시 처분에 대하여 비례의 원칙 위반의 의심이 제기될 수 있다. 형법에 의하면 살인이나 강간, 미성년자에 대한 약취·유인범죄는 각각 사형, 무기 또는 5년이상의 징역, 3년이상의 징역, 10년 이하의 징역에 해당하는 중범죄들이다. 따라서, 특히 형 집행 종료자에 대해 전자감시 처분을 부과하는 경우, 결코 가볍지 않은 징역형을 복무한 이후 다시 장기의 전자감시 처분을 집행하는 것은 지나치게 과중한 형사제재가 부과되는 것이 아닌가 하는 생각이 드는 것이다.

둘째, 개정법률이 전자감시 처분의 청구요건을 상당히 완화하고 있다는 점도 여기에서 고려되어야 한다. 개정법률에 의하면, 성범죄의 경우 2차례의 범죄가 10년 이내에 행해지기만 하면 (성범죄로 인해 전자감시 처분을 받은 적이 있거나, 2차례 이상의 성범죄가 습벽으로 인한 것임이 인정된 때에는 이러한 시간의 제한도 필요없게 된다) 감시처분을 청구할 수 있고, 미성년자 대상의 약취·유인이나 살인의 경우에는 단 한 차례의 범죄에 대해서도, 그리고 두 차례 이상의 범죄에 대해서는 반드시 감시처분을 청구하도록 규정하고 있다. 그런데 이렇게 대폭 완화된 청구의 요건은 처분 대상자의 범위를 크게 넓히는 결과가 되어, 그 기간의 확대와 함께 이 처분이 지나치게 쉽고 폭넓게 이루어지도록 하여, 결국 비례의 원칙에 반하는 것이 아닌가 하는 의심을 일으키게 한다.

셋째, 이와 관련하여 '재범의 위험성' 요건의 문제를 지적할 수 있다. 논자에 따라서는, 청구대상 범죄 가운데 (두 차례 이상의 미성년자 약취·유인과 살인범죄를 제외하고) 대부분의 경우에 재범의 위험이 인정되는 경우로 한정하고 있으므로, 이것이 과도한 제재가 되지는 않을 것이라는 주장을 할 수 있기 때문이다. 그러나 '재범의 위험성'에 대해서는, 이것이 여전히 그 내용이 구체화 되지 않은 개념이어서 보다 더 정확한 판단의 방법이 개발되어야 한다고 보는 것이 일반적이고,[32] 나아가 이것이 대상자에 대한 형사사법처분의 근거가 될 수 있는가에 대한 근본적인 회의까지도 제기된다.[33) 우리의 경우에 실무에서 '재범의 위험성'판단은 대개 피고인이 같은 범죄의 전과를 몇 차례나 가지고 있는가 하는 것을 기준으로 이루어진다고 한다. 여기에 더해 위험성 판단이 잘못된 경우, 즉 재범의 위험성이 없다고 하여 처분을 부과하지 않았을 때 그 대상자가 같은 범죄를 저지른 경우에 판단주체인 사법기관에 쏟아질 비난을 의식하여 그 기준을 매우 너그럽게 볼 가능성도 배제할 수 없다.[34) 결국 이러한 점들을 종합하여 보면 '재범의 위험성' 요건이란 다소간 형식적인 것으로서 처분 대상자의 범위를 제한하는 실질적인 역할은 하지 못하고 있다고 볼 수 밖에 없다.

3. 소결

이상에서 검토한 바와 같이, 전자감시 처분은 과잉금지원칙의 세 가지 요건, 즉 적합성, 필요성, 최소침해성의 모든 부분에서 그 위반의 의심이 있다. 우선 그 실효성이 아직 충분히 입증되지 않은 상태이고, 여타의 경우에는 물론이고 성범죄에 대해서도 그 발생수와 재범율에 비추어 볼 때 이 처분이 반드시 필요하다는 점에 대한 설득력이 부족하며, 이 처분으로 인해 얻을 수 있는 이익이 침해되는 이익보다 크다는 확증이 없을 뿐만 아니라, 그 기간의 확대와 청구요건의 완화로 구체적인 경우에 지나치게 과도한 처분이 부과될 가능성이 있기 때문이다.

---

32) 정현미, 위의 글, 343쪽.
33) 예컨대 미국의 범죄심리학자 모나한(Monahan)은 "범죄의 예측결과는 범죄인이 동일한 조건 아래에 있다는 전제 하에서, 그것도 가까운 장래에 한해서 신뢰할 수 있을 뿐"이며, "이러한 결과를 형사사법기관의 처분근거로 사용하는 것은 권고할 만한 일이 아니"라고 말한다. George B. Vold, Thomas J. Bernard, Jeffery B. Snipes, Theoretical Criminology(5th ed.), Oxford Univ. Press, 2002, 74~76쪽.
34) 정현미, 위의 글, 343쪽.

이러한 점들은 청소년 성범죄자에 대한 신상공개제도에 관한 헌법재판소의 판결[35] 가운데 다수 재판관의 위헌의견을 떠올리게 한다. 즉 "무릇 형벌은 개인의 자유와 안전에 대한 중대한 침해를 가져오는 탓에 국가적 제재의 최후수단(ultima ratio)으로 평가된다. 그런데 이미 그러한 형벌까지 부과된 마당에, 형벌과 다른 목적이나 기능을 가지는 것도 아니면서, 형벌보다 더 가혹할 수도 있는 신상공개를 하도록 한 것은 국가공권력의 지나친 남용이다. 더구나, 신상공개로 인해 공개대상자의 기본적 권리가 심대하게 훼손되는 데에 비해 그 범죄억지의 효과가 너무도 미미하거나 불확실한바, 이러한 점에서도 법익의 균형성을 현저히 잃고 있다고 판단된다."는 것인데, 여기에서 '신상공개'를 '전자감시'로 바꾼다면 이러한 판단은 전혀 그릇된 것이 되고 마는 것일까.

V. 소급효 금지의 문제

위에서 살펴본 바와 같이, 개정법률은 원래 제정법률의 시행시점인 2008. 9월 이전에 1심 판결이 선고되어 이 법률의 적용대상이 아닌 사람들 가운데에서도 개정법률의 시행 시점에 형의 집행 중이거나 집행 종료 이후 3년 이내의 사람들에 대해서는 다시 이 법률을 적용할 수 있도록 함으로써 전자감시처분의 소급효를 인정하고 있다. 또 성범죄와 살인범죄에 대해서는 개정법률의 시행 이전에 범한 범죄에 대해서도 전자장치의 부착을 청구할 수 있게 하여, 이른바 '재판시 법주의'를 채택함으로써 역시 마찬가지로 소급효를 인정하고 있다. 나아가 미성년자 대상의 약취·유인과 살인범죄에 대해서도 개정 법률 시행 이전에 받은 실형이상의 형을 그대로 이 법률이 규정한 청구요건에 해당하는 것으로 인정함으로써 역시 소급효를 인정하

---

35) 헌법재판소 2003.6.26, 2002헌가14

고 있다. 이 밖에도 부착기간이나 의무적인 보호관찰의 시행, 피부착자의 신고의무 등 개정법률에서 변화된 거의 모든 내용에 대해서도 소급효가 인정되고 있다(부칙 제3조 이하). 이와 같은 소급효의 인정은 보안처분에 대해서도 소급효 금지의 원칙이 적용되는가 하는 문제와 관련되어 위헌논란을 불러일으키는데, 자세한 내용을 아래에서 검토해 보기로 하자.

1. 보안처분과 소급효 금지의 원칙

보안처분에 대한 소급효 금지 원칙의 적용여부에 대해서는 종래 다음과 같은 세 가지 입장이 주장되어 왔다.

첫째, 보안처분에 대해서도 형벌과 마찬가지로 소급효 금지의 원칙이 엄격하게 적용되어야 한다는 주장으로서 학계에서 다수설의 태도라 할 수 있다.[36] 이 입장은 보안처분도 형사제재이 하나이고 대상자의 기본권에 대한 제한이 그 내용이므로 형벌과 같이 소급효 금지의 원칙이 적용되어야 한다고 본다. 즉 "형사피고인이 국가의 형사제재 앞에 불이익을 입게 되는 관점으로부터 보면, 형벌과 보안처분이 개인의 자유에 위해를 가하는 위해작용을 한다는 점에서 차이가 없"으며, "자유주의의 요청은 형벌이든 보안처분이든 개인의 자유와 안전에 불리하게 작용할 수 있는 가능성을 죄형법정주의를 통해 억제하고자 하는 것"[37]이므로 보안처분에 대해서도 소급효는 금지되는 것으로 보아야 한다는 것이다.

둘째, 이에 대해서 보안처분에 관한 법률은 장래를 향하여 범죄인으로부터 재범의 위험성을 제거하기 위하여 제정되거나 개정되는 것이므로

---

36) 김성돈, 『형법총론』, 성균관대학교 출판부, 2008, 72쪽 ; 김일수/서보학, 『형법총론』, 박영사, 2006, 64쪽; 배종대, 『형법총론』, 홍문사, 2009, 93쪽 ; 임웅, 『형법총론』, 법문사, 2008, 21쪽 ; 오영근, 『형법총론』, 박영사, 2009, 55쪽 ; 정성근/박광민, 『형법총론』, 삼지원, 2008, 18쪽 등.
37) 김일수, '보안처분과 형벌불소급의 원칙', 법률신문 제2627호, 1997. 9, 15면.

소급효 금지의 원칙이 적용되지 않는다거나,[38] 치료감호나 보호관찰은 형벌집행에 산입되거나 피고인을 위한 합목적적 처분이므로 소급효의 적용을 허용하여도 괜찮다는 주장[39]이 있다. 또 이것은 종래 우리 대법원의 태도이기도 하였다.[40] 이러한 입장은 보안처분은 형벌과 달리 본질적으로 '장래의 위험성'을 대상으로 하는 '예방적 처분'이므로 그 성질상 과거에 대하여 적용되는 소급효가 당연히 예정되어 있다는 전통적인 이원주의에 근거하고 있다고 볼 수 있다.

셋째, 이와 같이 어떤 처분이 형벌인가 혹은 보안처분인가에 따라 소급효 금지원칙의 적용여부가 달라지게 되는 것을 지나치게 형식적이라고 비판하면서 그 처분의 '실질적 내용'에 따라 이것이 결정되어야 한다는 주

---

38) 신동운, 『형법총론(제3판)』, 법문사, 2008, 40쪽, 822쪽.

39) 손동권, 『형법총론』, 율곡출판사, 2006, 40쪽; 김성천/김형준, 『형법총론』, 동현출판사, 2005, 45쪽.

40) " … 보호관찰은 형벌이 아니라 보안처분의 성격을 갖는 것으로서, 과거의 불법에 대한 책임에 기초하고 있는 제재가 아니라 장래의 위험성으로부터 행위자를 보호하고 사회를 방위하기 위한 합목적적인 조치이므로, 그에 관하여 반드시 행위 이전에 규정되어 있어야 하는 것은 아니며, 재판시의 규정에 의하여 보호관찰을 받을 것을 명할 수 있다고 보아야 할 것이고, 이와 같은 해석이 형벌불소급의 원칙 내지 죄형법정주의에 위배되는 것이라고 볼 수 없다." 대법원 1997. 6. 13. 선고 97도703. 이 판결에 대해서는 형법상의 보호관찰과 치료감호법의 보호관찰을 구별하여, 후자는 재범의 위험성이 있다는 비관적 전망에 기초한 보안처분으로서 소급효가 허용되지만, 전자는 정상에 참작할 만한 사유가 있다는 낙관적 전망에 기초한 것으로서 다만 형의 선고유예나 집행유예의 실효성을 높이기 위한 것에 불과하므로 소급효 금지의 원칙이 그대로 적용되어야 한다는 지적이 있다. 신동운, '선고유예·집행유예시의 보호관찰의 법적 성질과 소급효 금지의 원칙', 『현대 형사법의 쟁점과 과제』, 동암 이형국교수 화갑기념 논문집, 법문사, 1998, 822-824쪽. 하지만 이것은 후술하는 새로운 판례의 입장과는 다소 다르다고 할 수 있는데, 이 비판이 형법에 규정된 보호관찰을 실질적으로 보안처분의 성격을 가지고 있지 않는 것으로 보는 반면, 판례는 보안처분임이 인정되는 처분에 대해서도 경우에 따라서는 소급효 금지원칙이 적용될 수 있다고 보기 때문이다.

장이 있을 수 있다. 이것이 새로운 대법원의 태도라고 할 수 있는데, "가정폭력범죄의 처벌 등에 관한 특례법이 정한 보호처분 중의 하나인 사회봉사명령은 가정폭력범죄를 범한 자에 대하여 환경의 조정과 성행의 교정을 목적으로 하는 것으로서 형벌 그 자체가 아니라 보안처분의 성격을 가지는 것이 사실이다. 그러나 한편으로 이는 가정폭력범죄행위에 대하여 형사처벌 대신 부과되는 것으로서, 가정폭력범죄를 범한 자에게 의무적 노동을 부과하고 여가시간을 박탈하여 실질적으로는 신체적 자유를 제한하게 되므로, 이에 대하여는 원칙적으로 형벌불소급의 원칙에 따라 행위시법을 적용함이 상당하다"[41]고 하여, 보안처분에 대해서도 일정한 경우에는 소급효 금지의 원칙이 적용된다는 점을 분명히 보여주고 있다.[42]

문제는 어떤 경우에 소급효 금지원칙이 적용된다고 볼 수 있는가 하는 판단기준일 터인데, 위와 같은 단 하나의 판례를 통하여 이를 정확히 추출한다는 것은 다소 무리가 따르는 일이지만, 판례의 내용으로 비추어 볼 때 역시 '처분의 실질적 내용'이 어떠한 것인지, 즉 어느 정도로 대상

---

41) 대법원 2008.7.24, 2008어4 결정.

42) 물론 대법원과 달리 헌법재판소는 이전에 이미 사회보호법의 보호감호에 대하여 소급효가 금지된다는 결정을 내린 바가 있다. "사회보호법이 규정하고 있는 보호감호처분이 보안처분의 하나이고, 보안처분은 행위자의 사회적 위험성에 근거하여 부과되는 것으로써 행위자의 책임에 근거하여 부과되는 형벌과 구별되는 것이기는 하지만, 상습범에 대한 보안처분인 보호감호처분은 그 처분이 행위자의 범죄행위를 요건으로 하여 형사소송절차에 따라 비로소 과해질 수 있는 것이고, 신체에 대한 자유의 박탈을 그 본질적 내용으로 하고 있는 점에서 역시 형사적 제재의 한 태양이라고 볼 수 밖에 없다. 헌법이 제12조 제1항 후문에서 "… 법률과 적법한 절차에 의하지 아니하고는 처벌·보안처분 또는 강제노역을 받지 아니한다"라고 규정하여 처벌과 보안처분을 나란히 열거하고 있는 점을 생각해 보면, 상습범등에 대한 보안처분의 하나로서 신체에 대한 자유의 박탈을 그 내용으로 하는 보호감호처분은 형벌과 같은 차원에서의 적법한 절차와 헌법 제13조 제1항에 정한 죄형법정주의의 원칙에 따라 비로소 과해질 수 있는 것이라 할 수 있고, 따라서 그 요건이 되는 범죄에 관한 한 소급입법에 의한 보호감호처분은 허용될 수 없다고 할 것이다." 헌재 1989.7.14, 88헌가5.

자의 신체의 자유와 같은 기본권을 제약하고 있는가 하는 것에 달려있다고 볼 수 있을 것 같다.[43]

그렇다면 이러한 기준으로 전자감시 처분의 소급효 금지원칙 적용여부를 판단해 보면 어떤 결론에 이르게 될까. 이 또한 위에서 본 과잉금지원칙의 경우와 마찬가지로 결국 이 처분의 내용을 어느 정도로 심각하게 받아들이느냐 하는 데에 달려있게 될 것이다.[44] 전자감시 처분의 자세한 내용은 이미 위에서 검토하였으므로 다시 반복할 필요는 없을 터이지만, 십수년이 넘는 장기의 사생활 침해와 이동의 자유 제한을 가볍게 볼 수 없는 기본권 침해라고 본다면, 소급효 금지원칙의 적용에 관해서도 역시 이를 쉽게 부인하기는 어려울 것이다.

2. 이른바 '진정 소급효'의 문제

한편 개정법률은 이 법률의 최초 시행시점인 2008. 9월 이전에 이미

---

43) 이재홍, '보호관찰과 형벌불소급의 원칙', 『형사판례연구 7』, 박영사, 2000, 31~33쪽은 이를 그 처분이 '형벌적 성격'을 갖고 있느냐가 기준이 되는 것이라고 표현한다.

44) 법률의 개정 당시 국회는 소급효에 대한 규정이, 특히 아래에서 살펴보는 이른바 '진정소급효'와 관련하여, 앞으로 위헌판결을 받을 수도 있다는 점을 인식하고 있었다. 그럼에도 불구하고 이러한 개정을 강행한 것은 전자감시처분의 권리침해 정도가 심하지 않아 그 위헌여부에 대해 법원의 판단을 한 번 받아볼만 하다고 생각한 듯 하다. 관련 내용은 제288회 국회 법제사법위원회 법안심사 제1소위원회 회의록, 제1호, 2010. 3. 22, 6쪽, 13쪽 참조. 그런데, 이러한 국회의 태도는 다소 문제가 있는 것이라고 생각한다. 즉, 입법기관으로서 국회는 가능한 헌법에 위배되지 않는 법률을 제정(또는 개정)하는 것이 그 의무이지, 일단 위헌의 의심이 있는 법률을 만들어 놓고 이를 사후에 법원의 판단을 받아보겠다는 자세는 국민에 대한 책임과 배려를 소홀히 한 것이라고 볼 수 밖에 없다. 적어도 이러한 법률이 위헌결정을 받기 전 까지 이루어진 권리에 대한 침해는 구제받기 어려운 손해를 야기할 것이기 때문이다.

제1심 판결이 선고된 사람들 가운데에서도 개정법률의 시행시점에 형의 집행 중이거나 집행 종료 후 3년 이내의 사람들에게는 다시 이 (개정)법률이 적용될 수 있도록 함으로써 이른바 전자감시 처분의 '진정소급효'를 인정하고 있다.

통상 보안처분에 대해서 문제되는 소급효란 행위시점에는 법률로 규정되어 있지 않던 보안처분이 재판 당시에 새로운 법률로서 시행되고 있을 때, 이를 법률 시행 이전의 행위에 대해서도 적용할 수 있는가 하는 것을 말한다. 즉, 형법 제1조 제1항이 선언하고 있는 '행위시 법주의'의 예외로서 '재판시 법주의'가 적용될 수 있는가 하는 문제인 것이다. 그리고 보안처분에 대해서 소급효를 인정할 수 있다고 주장하는 학자들은 보통 그 이유로 보안처분의 근거가 되는 '재범의 위험성' 판단은 사후적으로, 즉 행위 당시의 시점이 아니라 법관의 판단 당시인 재판 시점에 이루어져야 한다는 것을 들고 있다.45)

따라서 설령 보안처분에 대해 소급효를 인정한다 하더라도 이것은 다만 '재판시 법주의'를 의미하는 것일 뿐이고 이미 판결의 선고를 통하여 법관의 판단이 이루어진 후에는 이것이 적용될 수 없다고 보아야 한다. 그런데 개정법률은 이와 같은 통상의 한계를 뛰어 넘어 이미 재판이 확정되어 형의 집행 중에 있거나 심지어 집행이 종료된 사람들에 대해서도 새로운 법률에 의한 전자감시 처분을 할 수 있도록 하였으므로, 이를 일반적인 보안처분의 소급효와 구별하여 '진정소급효'라고 볼 수 있는 것이다.

이와 같은 진정소급효에 대해서는 무엇보다 우선 보안처분은, 그 법

---

45) 김혜정, '보안처분과 소급효 금지원칙과의 관계', 『한국 형법학의 새로운 지평: 심온 김일수 교수 화갑기념논문집』, 박영사, 2006, 10쪽 이하. 김혜정 교수는 이렇게 보안처분에 대해 '재판시 법주의'를 인정하는 것은 재범의 위험성 판단을 재판시점으로 미루는 것으로써 피고인에게 유리한 것이라고까지 말하고 있다. 그러나 통상 보안처분의 소급효가 문제되는 경우는 행위시점 이후에 새로운 보안처분이 법률로 규정된 때이므로, 이것이 피고인에게 유리하다고는 보기 어려울 것이다.

적 성격이 형벌이 아니라 할지라도, 형사제재의 하나로서 여전히 헌법 제 12조 제1항의 규율대상이라는 점을 지적할 수 있다. 따라서 보안처분 또한 법률과 '적법한 절차'에 따라 부과되어야 하는데, 이 때 적법한 절차란 다만 형식적인 절차에 있어서 법률의 내용에 따라야 한다는 것 뿐만 아니라 그 법률의 실체적인 내용이 합리적이고 정당해야 한다는 것을 의미하므로, 전자감시 처분에 대해 진정소급효를 인정하는 것은 이러한 원리에 반하는 것으로 보아야 한다. 왜냐하면, 비록 개정법률은 소급효의 적용대상을 (개정법률의 시행시점에) '형 집행 중이거나 집행 종료 이후 3년 이내의 사람'으로 제한하고 있지만, 논리적으로는 진정소급효를 인정하는 이상 그 대상은 무제한으로 확대될 수 있을 것이고, 그렇다면 이것은 도저히 합리적인 내용의 법이라고는 볼 수 없기 때문이다. 예컨대 유죄의 확정판결을 받고 형 집행을 종료한 후 10년 혹은 20년이 지난 사람에 대해서도 새로운 내용의 보안처분을 부과할 수 있다면, 이것은 국가의 형벌권이 지나치게 확장된 '불합리'한 것이라고 볼 수 밖에 없을 것이다.[46]

또한 이러한 소급효는 헌법 제13조 제1항이 규정하는 '거듭처벌금지의 원칙', 즉 '일사부재리의 원칙'에 대한 위반이 아닌가하는 의심을 갖게 한다. 물론 형벌과 보안처분은 그 목적과 기능, 본질 등에서 서로 구분되는 별개의 제재이므로 이를 병과하더라도 이중처벌에 해당하지 않는다는 것이 우리 판례의 확고한 입장[47]이기는 하지만 이 경우에는 형벌과 보안처분이 하나의 재판에서 동시에 선고되는 것이고, 개정법률이 규정하는 경우는 이미 수년전에 재판이 확정되어 형을 집행하고 있거나 집행이 종

---

46) 이와 관련하여 개정법률에 대한 국회에서의 논의과정은, 3년이라는 기간의 제한이 "재범의 가능성이 대개 3년 이내에 높다"는 판단에 근거하여 이루어졌음을 보여주는데, 이에 대해서는 우선 과학적인 근거가 제시되지 않고 있을 뿐만 아니라, 나아가 논리적으로는 소급효의 적용기간이 3년이든, 5년이든, 10년이든 아무런 차이가 없다는 점을 지적할 수 있다. 제288회 국회 법제사법위원회 법안심사 제1소위원회 회의록, 제1호, 2010. 3. 22, 6쪽.
47) 위의 주 6) 참조.

료된 사람을 대상으로 하는 것임을 간과해서는 안된다. 즉 후자의 경우는, 보안처분에 대한 통상의 부진정소급효와는 달리, 이미 한 번 사법심사의 대상이 되었던 사람을 새로운 법률을 이유로 다시 재판하는 것으로서 전형적인 '일사재리'에 해당하게 되는 것이다.

아울러 개정법률은 형 집행 중 또는 집행 종료 이후 3년 이내인 사람에게 전자감시 처분을 부과함에 있어, 이를 법원의 '결정'으로 명령하도록 하고 있다(법률 제9112호(1차 개정법률) 부칙 제2조 제2항, 제3항). 결정은 판결과는 달리 구두변론에 의하지 않을 수 있으며(형사소송법 제37조 제2항), 재판서의 방식과 재판고지의 방법 등에 있어서 그 엄밀성이 완화된다(같은 법률 제38조, 제42조). 따라서 이것은 피부착자에게 다소 불리한 재판의 형식이라고 볼 수 있고, 특히 만약 법원이 당사자에게 변론의 기회를 주지않게 되면 이른바 '청문권(聽聞權)'을 박탈하는 결과가 됨으로써, 중대한 절차상의 흠결을 야기하게 될 것이다. 따라서, 이 또한 이 법률의 소급효에 관한 절차가 '적법 절차' 조항을 위반한 것이라고 인정될 수 있는 여지를 넓혀주는 것이라고 할 수 있다.

3. 소급효 금지 원칙의 의미

이렇게 본다면 보안처분에 대해서는 어떠한 내용의 소급효라도 모두 허용된다는 극단적인 입장을 제외한다면, 소급효에 관한 한 개정법률은 위헌이라는 판단을 면치 못하게 될 것이다. 그러나 여기에 대해서도 예외가 인정될 수 있는 가능성이 있는데, 지난 1996년 헌법재판소가 '5·18 민주화운동 등에 관한 특별법'에 대한 판결에서 보여주었듯이, 소급효의 인정으로 인해 얻을 수 있는 '공익'과 이로 인해 침해되는 개인의 '신뢰보호'를 비교형량하여 전자가 후자보다 '월등히 중대'하다고 인정되는 경우에는 소급효를 인정하는 것도 헌법에 위배되지 않는다고 판단할 수 있기 때문이다.

그러나, 이러한 논리에 대해서는 우선 소급효 금지의 원칙, 나아가서 죄형법정주의는 바로 이러한 경우, 즉 표면적으로는 '정의'에 반하고 불합리한 결과를 낳는 것 같지만, 장기적으로는 '법적 안정성'의 달성을 통하여 정의의 실현에 이바지하는 경우를 상정하여 만들어진 원리라는 점을 지적할 수 있다. 예컨대, 아무리 나쁘고 부정의해 보이는 행위일지라도 그것이 법률을 통해 범죄로 규정되어 있지 않으면 처벌할 수 없다는 원칙은, 이를 처벌할 수 없음으로써 생겨나는 불합리가 법률에 의하지 않은 (자의적인) 처벌권력의 남용으로 초래되는 혼란과 무질서, 그리고 국민 권리에 대한 침해보다는 낫다는 지혜에 근거한 것이다. 이러한 예외를 허용할 수 있다고 주장하는 사람들은, 이것은 '극히 예외적'인 것이고 이를 통해 얻는 공익이 침해되는 사익보다 '월등히 우월'하다는 점을 내세우지만, 과연 어느 경우에 극히 예외적으로 월등한 공익이 인정될 수 있는지는 불확실할뿐더러, 다만 주관적인 판단에 따라 달라질 수 있는 것이다. 사실 개인의 보호를 위하는 것 같은 '법적 안정성'과 명백히 부정의한 범죄를 (소급효를 통해서라도) 처벌하는 것을 비교하면, 그 이익형량의 결과는 대부분 후자의 편으로 기울게 되겠지만,[48] 죄형법정주의는 바로 이러한 때에 국가권력의 남용을 막고 '객관적인' 법질서를 유지하기 위한 제한원리라는 의미를 갖는 것이다.

이러한 맥락에서 소급효 금지의 원칙과 죄형법정주의의 본래적인 의미를 재발견할 수 있게 되는데, 그것은 이러한 원리들이 다만 구체적인 사건에서 개인의 신뢰이익이나 불처벌에의 기대를 보호하기 위한 것이 아니라 국가권력에 대한 '객관적인' 제한을 통하여 국민 일반의 자유와 권리를 확대하기 위한 것이라는 사실이다.[49] 따라서 위에서 예로 든 헌법

---

48) 김영환, '공소시효와 형벌불소급의 원칙', 『형사판례연구』 5, 박영사, 1999, 26쪽.
49) 보다 자세한 내용은 김영환, 위의 글, 24~25쪽. 또 벨케(Welke)는 이를 다음과
　　같이 표현한다. "죄형법정주의는 국가의 형사사법을 이성적 한계 내로 억제

재판소의 논리는 잘못된 것인데, 왜냐하면 문제되는 상황에서는 보호되는 공익이 침해되는 사익보다 우월하게 판단될 가능성이 언제나 대단히 높을 뿐만 아니라, 기본적으로 '정의의 실현' 대 '개인의 신뢰이익 보호'라는 대립구도가 죄형법정주의의 본래의 취지를 올바로 파악하지 못한 채 설정된 것이기 때문이다.

그러므로 적어도 개인의 범죄행위에 관한 한, 아무리 그 불법의 정도가 크다 하더라도, 죄형법정주의나 소급효 금지원칙을 후퇴시키면서까지 이를 처벌해야 한다는 주장은 받아들이기 어렵다. 죄형법정주의는 바로 이러한 경우에 국가 형벌권의 확장을 막기위한 것을 그 내용으로 하고 있기 때문이다. 다만 소급효 금지원칙을 포함한 죄형법정주의가 물러설 수밖에 없는 경우가 있을 수 있는데, 그것은 바로 국가 권력자 자신이 범죄의 주체가 되었던 때이다. 이러한 때는 개인의 범죄행위와는 사뭇 다르다고 할 수 있는데, 그 이유는 국가 권력자는 형벌권의 행사주체이며, 죄형법정주의와 같이 "피지배자를 보호하기 위하여 창출된 모든 제도를 권력자 자신이 이용하는 것은 불가능"[50]하다고 보아야 하기 때문이다. 다시말해, 죄형법정주의는 "그 기원에서 볼 때 국가의 자의적 행위로부터 (시민을) 보호하기 위한 것이므로 국가권력의 담당자는 이 원칙의 적용을 요구할 수 없"[51]고 처음부터 그 적용대상이 아니라고 보아야 한다.

전자감시 처분의 대상범죄, 특히 (아동) 성범죄가 피해자의 일생에 치유하기 어려운 상처를 남기는 심각한 범죄이며 가능한 이를 예방하기 위해 모든 조치를 취해야 한다는 입법취지에는 십분 공감이 간다. 그러

하고 권력자의 수중에 있는 유효한 복종의 수단으로서 법이 순수한 억압의 수단으로 변질될 위험에 저항하는 가능성을 제공한다." Wanja Andreas Welke, 'Rückwirkungsverbot zugunsten staatliche Kriminalität?', Kritische Justiz 28, Heft 3, 1995 (한상훈 옮김, '소급효 금지원칙의 의의와 한계', 『민주법학』 10, 1996), 126~127쪽.

50) 벨케, 위의 글, 131쪽.
51) 같은 글, 131~132쪽.

나 이를 위해서 소급효 금지의 원칙과 같은 죄형법정주의마저 무너뜨려야 하는가 하는 문제는 쉽게 동의하기 어려운 일이다. 당장에는 중대한 범죄에 대해 더 엄격한 형사제재를 부과하는 듯 하여 만족감을 얻을 수 있을지 모르지만, 이것은 죄형법정주의와 같은 국가 형벌권의 근본적인 제약원리를 훼손하는 것을 의미하고 장래에 이것이 또 다른 범죄행위에 대한 형벌권의 확장에 어떤 영향을 미칠지는 아무도 예상할 수 없기 때문이다.

Ⅵ. 맺음말

지난 2010. 4월에 개정된 '특정 범죄자에 대한 위치추적 전자장치 부착 등에 관한 법률'은 그 대상자의 범위를 확대하고 청구요건을 완화하며 부착기간을 연장하고 일부 범죄자들에게 소급효를 인정하는 등 처벌범위와 정도를 크게 확대하는 것을 그 내용으로 하고 있다. 성범죄자에 대한 신상공개의 확대나 약물치료의 도입 등 일련의 강성정책과 그 기조를 같이하고 있다고 보이는 이러한 개정은, 그러나 몇 가지 부분에서 위헌의 의심을 갖게한다.

이 글은 이중처벌의 금지, 과잉금지원칙, 그리고 소급효 금지원칙과 같은 3가지 관점에서 이 법률의 위헌성 여부를 검토해본 것이다. 성범죄, 특히 아동을 대상으로 하는 성범죄에 대해서 형벌을 더욱 엄격히 하고 전자감시와 같은 보안처분을 통해서라도 그 재발을 예방하고자 하는 이 법률의 취지를 이해 못하는 바는 아니지만, 그러나 이러한 형사제재의 강화는 우리 헌법과 형법이 보장하는 일련의 제약원리 아래에서 이루어져야 할 것이다. 반복되지만, 이러한 형벌권의 제약원리는 피해자의 인권 및 범죄로부터 사회 일반의 보호와 범죄인의 권리라는 대립하는 두 가치를 적정한 선에서 조화시켜 주는 지도원리일 뿐만 아니라 국가 형벌권의 남용을 억제하여 이로부터 국민의 자유와 권리를 보장하고 객관적인 법질서를 유지하게 하는 법치주의의 기능을 담당하기 때문이다.

　이러한 맥락에서 최근 계속되는 강성 형사정책과 그에 따른 법률의 개정들은 다소 과도한 것이 아닌가 여겨진다. 정부와 국회는 사회적 관심이 집중된 몇몇 범죄로 인해 갑작스레 법률을 개정하기 보다는 좀 더 차분하게 이러한 현상이 발생하게 된 원인을 따져보고 그에 대한 근본적인 대책을 세우는데 더 많은 노력을 하여야 할 것이다. 본래 현명한 형사정책이란 단순히 형벌만을 강화하는 것이 아니라 범죄의 원인이 되는 여러 요인들을 밝혀 그에 대해 합리적이고 효과적인 사회적 대책을 함께 실천해 나가는 것이다. 과도한 처벌과 형사제재가 범죄문제를 해결하는 특효약이 되지 못한다는 것은 지금까지의 역사가 증명해 주는 바이다.

필자소개

한인섭(서울대 법학전문대학원 교수)

이호중(서강대 법학전문대학원 교수)

허일태(동아대 법학전문대학원 교수)

이덕인(부산정보대 경찰경호계열 교수)

이상원(서울대 법학전문대학원 교수)

최정학(한국방송통신대 법학과 교수)

공익과인권 17

형법개정안과 인권
－법무부 형법개정안에 대한 비판과 최소 대안－   값 10,000원

2011년 1월 3일	초판 인쇄
2011년 1월 15일	초판 발행

기 획 : **서울대학교 법학연구소 공익인권법센터**
엮은이 : 한 인 섭
발행인 : 한 정 희
편 집 :
발행처 : 경인문화사
　　　　서울특별시 마포구 마포동 324-3
　　　　전화 : 718-4831~2, 팩스 : 703-9711
　　　　이메일 : kyunginp@chol.com
　　　　홈페이지 : http://www.kyunginp.co.kr
　　　　　　　　 : http://한국학서적.kr
등록번호 : 제10-18호(1973. 11. 8)

ⓒ 2011, 서울대학교 법학연구소 공익인권법센터
ISBN : 978-89-499-0759-8 94360